中国优秀传统文化理论与发展创新

高艳霞　陈　磊　周俊瑛　著

吉林文史出版社

图书在版编目（CIP）数据

中国优秀传统文化理论与发展创新 / 高艳霞，陈磊，
周俊瑛著． -- 长春 ： 吉林文史出版社， 2024.9.
ISBN 978-7-5752-0652-5

Ⅰ．K203

中国国家版本馆CIP数据核字第20247FC867号

中国优秀传统文化理论与发展创新
ZHONGGUO YOUXIU CHUANTONG WENHUA LILUN YU FAZHAN CHUANGXIN

出 版 人：张 强
著 者：高艳霞 陈 磊 周俊瑛
责任编辑：张焱乔
版式设计：李 鹏
封面设计：文 亮
出版发行：吉林文史出版社
电 话：0431-81629352
地 址：长春市福祉大路5788号
邮 编：130117
地 址：www.jlws.com.cn
印 刷：北京昌联印刷有限公司
开 本：710mm×1000mm 1/16
印 张：12.75
字 数：200千字
版 次：2024年9月第1版
印 次：2024年9月第1次印刷
书 号：ISBN 978-7-5752-0652-5
定 价：85.00元

前　言

　　中国是一个拥有五千年悠久历史的文明古国，其深厚的文化底蕴和丰富的传统文化，构成了中华民族独特的精神标识。中华优秀传统文化，作为中华民族的精神瑰宝，不仅蕴含着古人的智慧和力量，更是我们现代人认识世界、改造世界的重要精神资源。

　　随着时代的变迁和社会的发展，中华优秀传统文化也在不断传承与创新中焕发出新的生机与活力。在这个过程中，我们不仅要深入挖掘和整理传统文化的精髓，更要结合现代社会的实际，对其进行创新性的解读和发展，使其更好地服务于当代社会，为中华民族伟大复兴提供强大的精神支撑。

　　本书旨在探讨中华优秀传统文化的理论内涵与发展创新。我们将从多个角度，全面深入地分析传统文化的核心价值和独特魅力，以及在现代社会中的现实意义和应用价值。同时，我们也将关注传统文化在创新过程中的挑战与机遇，探讨如何在传承中创新、在创新中传承，实现传统文化的现代化转型。

　　在编写本书的过程中，我们广泛参考了国内外相关领域的研究成果，力求做到观点新颖、内容丰富、论证充分。我们相信，通过阅读本书，读者将对中国优秀传统文化有更深入的了解和认识，也将在传承与创新的过程中，找到属于自己的文化自信和力量。让我们一起携手，共同推进中华优秀传统文化的传承与发展，为中华民族伟大复兴贡献自己的力量。

目　录

第一章　中国传统文化的核心理念

第一节　中国传统文化的精髓

一、哲学思想的深邃与包容

中国传统文化的精髓之一，在于其哲学思想的深邃与包容。自古以来，中国的哲学思想便以独特的视角和深刻的洞见，对世界和人类社会的本质、发展、价值等问题进行了深入探讨。儒家、道家、墨家、法家等各家学派，各自提出了独特的哲学观点，共同构成了中国传统文化中丰富多彩的哲学思想体系。

儒家思想强调仁爱、礼义、忠诚、诚信等道德观念，提倡以人为本，注重道德修养和社会责任。儒家文化对中国古代社会的政治制度、道德规范、文化传统等方面产生了深远的影响。道家思想则主张"道法自然"，强调人与自然的和谐统一，追求内心的平静和自由。道家文化在哲学、文学、艺术等领域都有广泛的应用和体现。

除了儒家和道家，墨家强调兼爱非攻，主张平等和博爱；法家则注重法治和秩序，强调国家权力和法律的威严。

这些不同的哲学思想在中国传统文化中相互交融、相互借鉴，形成了独特的文化景观和思想体系。

在哲学思想的深邃与包容方面，中国传统文化不仅注重内在的道德修养和精神追求，也强调外在的实用性和实践性。这种思想体系不仅为中国人民提供了丰富的精神食粮，也为世界文化的多样性做出了重要贡献。

二、道德伦理的崇高与践行

中国传统文化的精髓之二，在于其道德伦理的崇高与践行。自古以来，中国人便以"仁、义、礼、智、信"为核心道德观念，注重道德修养和人格完善。这种道德伦理体系不仅为个人提供了行为准则和价值导向，也为社会提供了和谐稳定的道德基础。

在中国传统文化中，道德伦理的崇高与践行体现在各个方面。在家庭教育中，父母注重培养孩子的道德品质和行为习惯；在社会生活中，人们注重诚信、尊重、包容和互助；在国家治理中，政府注重公正、廉洁和为民服务。这种道德伦理的践行不仅塑造了中国人民的品格和形象，也为社会的和谐稳定提供了有力保障。

同时，中国传统文化还注重道德教育和道德评价。通过各种形式的道德教育，如家庭教育、学校教育、社会教育等，培养人们的道德意识和道德情感。通过道德评价，如表彰先进、批评落后等，激励人们向善向好，推动社会道德风尚的提升。

三、文化艺术的独特与精湛

中国传统文化的精髓之三，在于其文化艺术的独特与精湛。中国传统文化中包含了丰富的文化艺术形式，如书法、绘画、音乐、舞蹈、戏曲等。这些文化艺术形式不仅具有独特的审美价值和艺术魅力，也蕴含着深刻的文化内涵和历史传承。

在书法方面，中国书法以其独特的艺术风格和深厚的文化底蕴，成为世界文化遗产中的瑰宝。绘画方面，中国画以其独特的笔墨技巧和意境表达，展现了中华民族的审美追求和文化自信。音乐、舞蹈和戏曲等方面也各有特色，如京剧、昆曲、豫剧等戏曲形式，以其精湛的表演艺术和深厚的文化内涵，成为中国文化的重要代表。

这些文化艺术形式不仅为人们提供了丰富多彩的精神生活，也促进了中华文化的传承和发展。同时，它们也向世界展示了中华文化的独特魅力和博大精深。

四、社会制度的和谐与公正

中国传统文化的精髓之四，在于其社会制度的和谐与公正。中国传统文化中强调的"天人合一""和而不同"等思想，为构建和谐社会提供了重要的思想基础。同时，中国古代的社会制度也注重公正和平衡，如科举制度、官员选拔制度等，为社会的稳定和繁荣提供了有力保障。

在中国传统文化中，和谐与公正不仅是一种社会理想，也是一种实践行动。在家庭生活中，人们注重家庭和睦、尊老爱幼；在社会生活中，人们注重团结互助、共同进步；在国家治理中，政府注重公正廉洁、为民服务。这种和谐与公正的社会制度不仅促进了社会的稳定和繁荣，也增强了人们对社会的认同感和归属感。

同时，中国传统文化还注重法治和秩序。在古代中国，法律是维护社会秩序和公正的重要手段。政府通过制定和执行法律来维护社会的稳定和公正。这种法治思想在现代社会依然具有重要的启示意义。

第二节　文化自觉与文化自信

一、文化自觉的内涵与意义

（一）文化自觉的内涵

文化自觉，作为一个重要的文化理论概念，其核心内涵是指生活在一定文化环境中的人，对其文化有"自知之明"，明白它的来历、形成过程、所具有的特色和它的发展趋向。这种自知之明并非自然发生的，而是需要通过对文化的深入学习和理解、对文化价值的自觉认同，以及对文化发展的自主推动来实现。

文化自觉的内涵包括对自身文化的认知、对自身文化价值的认同、对自身文化发展的责任以及对不同文化的包容与尊重。首先，文化自觉要求个体或群体对自身的文化有清晰的认知，了解其历史渊源、发展脉络和独特价值。其次，文化自觉要求个体或群体对自身文化的价值有高度的认同。这种认同不仅是对文化本身的认同，更是对文化所蕴含的精神、价值观和生活方式的认同。再次，文化自觉要求个体或群体对自身文化的发展负责，要积极参与文化的传承与创新，推动文化的繁荣发展。最后，文化自觉还要求个体或群体对不同文化有包容与尊重的态度，实现文化之间的和谐共存。

（二）文化自觉的意义

1. 促进文化的认同与传承

文化自觉有助于增强个体或群体对自身文化的认同感和归属感，从而更加珍视并传承自己的文化。通过深入了解自己的文化，人们能够更好地理解自己的历史、传统和价值观，进而形成强烈的文化认同感。这种认同感不仅有助于维护文化的独特性和多样性，还能够激发人们的文化自信心，推动文化的传承与发展。

2. 推动文化的创新与发展

文化自觉能够激发人们的创新意识和创造活力，推动文化的创新与发展。在深入了解自己文化的基础上，人们能够发现文化的不足之处和发展潜力，从而提出新的文化理念、创造新的文化形式、推动文化的创新。同时，文化自觉还能够促进不同文化之间的交流与融合，推动文化的多元化发展。

3. 增进文化的理解与尊重

文化自觉有助于增进不同文化之间的理解与尊重，促进文化的和谐共存。在全球化背景下，不同文化之间的交流和碰撞日益频繁，文化自觉能够帮助人们更加客观地看待不同文化的差异和共性，理解不同文化的价值和意义。

这种理解与尊重有助于消除文化隔阂和偏见，促进不同文化之间的和谐共存和共同发展。

4. 提升国家软实力

文化自觉对于提升国家软实力具有重要意义。一个国家的文化软实力包括文化吸引力、文化影响力、文化竞争力等方面。文化自觉能够增强一个国家的文化自信和文化自觉意识，从而提升文化软实力。通过加强文化自觉教育和实践，可以培养出一批具有文化自信、文化自觉意识和创新能力的人才，为国家文化软实力的提升提供有力支持。同时，文化自觉还能够促进文化产业的繁荣和发展，为国家经济的发展注入新的动力。

二、中国文化自信的历史根基

（一）悠久的历史传承与文明积淀

中国文化自信的历史根基首先体现在其悠久的历史传承与文明积淀上。中华文明作为世界上唯一连续未中断的文明，拥有五千多年的悠久历史。在这段历史中，中华民族创造了丰富多彩的文化遗产，包括哲学思想、文学艺术、科学技术、宗教信仰等各个方面。这些文化遗产不仅体现了中华民族的智慧和创造力，也为世界文明的发展做出了重要贡献。

在漫长的历史长河中，中华民族不断吸收外来文化的精华，同时保持自身的独特性和创新性。这种开放包容的文化态度，使得中华文化在与其他文化的交流中不断丰富和发展。正是这种悠久的历史传承和文明积淀，为中国文化自信提供了坚实的基础。

（二）独特的文化基因与价值观

中国文化自信的另一个历史根基在于其独特的文化基因与价值观。中华文化源远流长，博大精深，蕴含着深厚的文化底蕴和独特的价值观。这些价值观包括仁爱、诚信、和谐、中庸等。这些价值观不仅贯穿于中华民族的历史发展进程中，也影响着中国人民的思维方式、行为规范和价值观念。

这些独特的文化基因和价值观，使得中华文化在世界文化中独树一帜。它们不仅为中国人民提供了精神支撑和道德指引，也为世界文化的多样性做出了重要贡献。正是这种独特的文化基因和价值观，使得中国文化在面对外来文化的冲击时能够保持自身的独特性和自信心。

（三）伟大的民族精神与爱国情怀

中国文化自信的历史根基还体现在其伟大的民族精神与爱国情怀上。中华民族是一个有着强烈民族自豪感和爱国情怀的民族。在漫长的历史进程中，中华民族经历了无数的战争和灾难，但始终保持着不屈不挠、自强不息的民族精神。这种民族精神不仅激励着中国人民不断奋斗、创造辉煌，也为中国文化的传承和发展提供了强大的精神动力。

同时，中华民族也拥有着深厚的爱国情怀。中国人民始终将国家和民族的利益放在首位，为国家和民族的繁荣富强而努力奋斗。这种爱国情怀不仅体现在政治、经济、文化等各个领域，也体现在中国人民的日常生活中。正是这种伟大的民族精神和爱国情怀，使得中国文化在面对各种挑战和困难时能够保持自信和坚定。

（四）文化创新与发展的历史经验

中国文化自信的历史根基还体现在其文化创新与发展的历史经验上。在漫长的历史进程中，中华文化不断吸收外来文化的精华，同时保持自身的独特性和创新性。这种文化创新的精神不仅体现在文学艺术、科学技术等各个领域，也体现在中华文化的传承和发展中。

例如，在文学艺术领域，中国古代的诗词、书法、绘画等艺术形式都经历了从模仿到创新的过程。在科学技术领域，中国古代的四大发明等科技成果对世界文明的发展产生了深远的影响。在文化传承和发展方面，中华文化经历了从传统到现代、从封闭到开放的转变过程。这些文化创新的历史经验不仅为中华文化的发展提供了宝贵的财富，也为中国文化自信提供了重要的支撑。

三、当代文化自觉与文化自信的表现

（一）文化传承与创新中的自觉与自信

在当代社会，文化自觉与文化自信的表现首先体现在对文化传承与创新的自觉追求和坚定自信上。随着全球化的深入发展，各种文化交流与碰撞日益频繁，中国文化在保持自身独特性的同时，也在不断地吸收和借鉴其他文化的优秀元素。这种文化传承与创新的自觉，不仅体现在对传统文化的深入挖掘和重新解读上，还体现在对新兴文化形式的探索和创新上。

在文化传承方面，当代中国人通过教育、媒体、艺术等多种形式，不断弘扬和传承中华优秀传统文化。例如，对于非物质文化遗产的保护和传承，中国政府和社会各界都给予了高度重视，通过设立非遗传承人、建立非遗保护基地等措施，有效地推动了传统文化的传承和发展。同时，当代中国人也在不断地挖掘和整理传统文化资源，将其融入现代生活中，让传统文化焕发新的生机和活力。

在文化创新方面，当代中国人积极拥抱新技术、新媒介，通过数字化、网络化等现代手段，推动文化创新和发展。例如，在文学艺术领域，网络文学、动漫游戏等新兴文化形式不断涌现，为传统文化注入了新的活力和元素。同时，当代中国人也在不断地探索和尝试新的文化表达方式，如融合中西元素的现代艺术、结合传统文化与现代科技的创新产品等。这些创新不仅丰富了人们的文化生活，也展现了中国人对文化创新的自信与追求。

（二）国际文化交流中的自觉与自信

随着中国国际地位的提升和对外开放水平的不断提升，中国文化在国际文化交流中的自觉与自信也日益凸显。当代中国人以更加开放和包容的心态，积极参与国际文化交流与合作，推动中华文化走向世界。

在国际文化交流中，当代中国人通过举办文化节、艺术展览、学术论坛等活动，向世界展示中华文化的独特魅力和价值。同时，他们也积极学习和借鉴其他文化的优秀元素，丰富和发展自己的文化内涵。这种开放包容的文化态度，不仅有助于推动中华文化的国际化进程，也有助于增进不同文化之间的理解与尊重。

在国际文化交流中，当代中国人还以坚定的文化自信面对各种挑战和质疑。他们坚信中华文化的独特性和价值，积极传播中华文化正能量，推动中华文化在国际舞台上赢得更多的认可和尊重。这种文化自信不仅增强了中国人民的民族自豪感和凝聚力，也为中国在国际舞台上发挥更大作用提供了有力支撑。

（三）社会生活中的文化自觉与自信

在当代社会生活中，文化自觉与文化自信的表现也无处不在。人们在日常生活中更加注重文化品位和文化内涵，通过文化消费、文化体验等方式满足自己的精神需求。

在文化消费方面，人们越来越注重文化产品的品质和文化内涵。人们愿意为高品质的文化产品埋单，如购买正版图书、观看高质量的电影和演出等。同时，他们也越来越注重文化体验的深度和广度，如参与文化旅游、体验传统文化活动等。这种文化消费的趋势不仅推动了文化产业的发展壮大，也反映了人们对文化生活的追求和向往。

在文化体验方面，人们通过参与各种文化活动、学习各种文化技能等方式丰富自己的文化内涵。例如，越来越多的人开始学习书法、绘画等传统艺术技能；越来越多的人开始关注传统文化节日和习俗的传承与发展；越来越多的人开始参与各种文化沙龙和讲座等文化活动。这些文化体验不仅丰富了人们的精神生活，也增强了人们的文化自信和归属感。

（四）教育领域的文化自觉与自信

在教育领域中，文化自觉与文化自信的表现也尤为突出。当代教育不仅注重知识的传授和技能的培养，更加注重文化素养的熏陶和价值观的塑造。

在教育内容上，当代教育注重融入中华优秀传统文化元素，通过课程设置、教材编写等方式，让学生了解和掌握中华文化的精髓和内涵。同时，当代教育也注重培养学生的国际视野和跨文化交流能力，让他们可以更好地理解和尊重不同文化之间的差异和共性。

在教育方式上，当代教育注重启发式教学和探究式教学等方法，鼓励学生自主思考、自主探索和自主创新。这种教育方式不仅培养了学生的创新精神和实践能力，也让他们在实践中感受到中华文化的魅力和价值，从而增强文化自信和自豪感。

此外，当代教育还注重校园文化建设，通过举办各种文化活动、营造文化氛围等方式，营造积极向上的校园文化氛围。这种文化氛围不仅有利于学生的健康成长，也有利于培养学生的文化自觉和文化自信。

四、文化自觉与文化自信在社会发展中的作用

（一）增强国家凝聚力与向心力

文化自觉与文化自信在社会发展中的首要作用体现在增强国家的凝聚力与向心力上。一个国家或民族的文化是其独特的身份标识，其涵盖了该国家或民族的历史、传统、价值观和信仰等。当个体或群体对自身文化有深刻的认知和坚定的自信时，他们会更倾向于团结一致，共同为国家的繁荣和发展而努力。这种凝聚力和向心力对于一个国家的稳定和发展至关重要。

文化自觉和文化自信通过以下几个方面来增强国家凝聚力与向心力：首先，它们使个体或群体对自身文化产生强烈的认同感和归属感，从而激发他们为国家繁荣和民族复兴而努力的热情。其次，文化自觉和文化自信有助于消除文化隔阂和偏见，促进不同民族、不同地域之间的和谐共处，增强国家的整体稳定性。最后，文化自觉和文化自信能够激发人们的创新意识和创造活力，推动文化的创新和发展，为国家的发展注入新的动力。

（二）促进文化创新与发展

文化自觉与文化自信对于促进文化创新与发展具有重要意义。在全球化背景下，文化创新成为推动一个国家或民族文化进步的重要动力。文化自觉和文化自信能够激发人们的创新意识和创造活力，推动文化的创新和发展。

具体而言，文化自觉和文化自信通过以下几个方面来促进文化创新与发展：首先，它们使个体或群体对自身文化有清晰的认知和理解，从而更容易发现文化中的不足和潜力，提出新的文化理念和创意。其次，文化自觉和文化自信能够增强个体或群体对文化创新的信心和勇气，使他们更加敢于尝试新的文化形式和内容。最后，文化自觉和文化自信能够促进不同文化之间的交流与融合，推动文化的多元化发展，为文化创新提供更多可能性。

（三）提升国家软实力与国际影响力

文化自觉与文化自信对于提升国家软实力和国际影响力具有积极作用。在全球化时代，国家之间的竞争不仅仅体现在经济、科技等方面，更体现在文化、价值观等方面。文化自觉和文化自信能够使一个国家或民族更加自信地展示自己的文化，提升自己在国际舞台上的影响力和话语权。

文化自觉和文化自信通过以下几个方面来提升国家软实力与国际影响力：首先，它们使个体或群体对自身文化有充分的自信，从而更加积极地参与国际文化交流与合作，推动中华文化走向世界。其次，文化自觉和文化自信能够增强国家在国际舞台上的文化自信和影响力，使其他国家更加尊重和认同中国的文化。最后，文化自觉和文化自信能够促进中国与其他国家之间的文化交流和合作，增进相互了解和友谊，为中国的发展创造良好的国际环境。

（四）推动社会文明进步与和谐发展

文化自觉与文化自信在推动社会文明进步与和谐发展方面也发挥着重要作用。一个具有文化自觉和文化自信的社会，其个体或群体更倾向于遵守社会规范、崇尚道德风尚、追求精神文明。这种氛围有利于推动社会文明进步和和谐发展。具体而言，文化自觉和文化自信通过以下几个方面来推动社会文明进步与和谐发展：首先，它们使个体或群体更加珍视和传承传统文化中的优秀元素和价值观，推动社会道德风尚的提升。其次，文化自觉和文化自信能够激发人们的创造力和创新精神，推动科技、艺术等领域的进步和发展。最后，文化自觉和文化自信能够促进不同社会群体之间的和谐共处和相互尊重，减少社会矛盾和冲突，推动社会的和谐发展。

第三节　传统文化的时代价值

一、传统文化与现代价值观的交融

（一）历史传承与现代发展的融合

传统文化与现代价值观的交融首先体现在历史传承与现代发展的融合上。传统文化作为一个民族的精神根基，承载着丰富的历史信息和智慧结晶。在现代社会，随着科技的迅速发展和全球化的进一步深入，人们的生活方式和价值观念发生了深刻的变化。然而，这并不意味着传统文化与现代价值观是互相排斥的，相反，它们可以相互借鉴、相互融合，共同推动社会的发展。

在历史传承方面，传统文化通过家庭教育、学校教育、社会教育等途径得以传承。人们在学习传统文化的过程中，不仅仅了解了历史、学习了知识，更重要的是培养了民族自豪感和文化自信心。这种自信心使人们在面对现代社会的挑战时，能够坚守自己的文化根脉，保持独特的文化特色。

在现代发展方面，传统文化与现代价值观的交融体现在对传统文化的创新和发展上。人们通过挖掘传统文化的内涵和价值，将其与现代社会的需求相结合，创造出具有时代特色的新文化形式。例如，在文学艺术领域，许多作家和艺术家将传统文化元素融入现代作品中，创作出既有传统韵味又具现代气息的作品；在科技领域，人们将传统文化与现代科技相结合，开发出具有传统文化特色的科技产品。

（二）价值观念的互补与融合

传统文化与现代价值观的交融还体现在价值观念的互补与融合上。传统文化注重人文精神、道德伦理、和谐共处等价值观念，这些价值观念对于维护社会稳定、促进人际和谐具有重要意义。而现代价值观则更加注重个人自由、民主法治、公平正义等价值观念,这些价值观念对于推动社会进步、保障人民权益具有重要意义。

在价值观念的互补与融合中,传统文化与现代价值观相互借鉴、相互融合,共同推动社会的发展。一方面,传统文化中的优秀价值观念可以为现代社会提供精神支撑和道德指引;另一方面,现代价值观中的先进理念也可以为传统文化的创新和发展提供新的思路和方向。例如,在道德伦理方面,传统文化中的"仁爱""诚信"等价值观念可以与现代社会中的"诚信经营""社会责任"等价值观念相结合,共同推动社会的道德进步;在公平正义方面,传统文化中的"平等""公正"等价值观念可以与现代社会中的"法治精神""民主监督"等价值观念相结合,共同推动社会公平正义的实现。

(三) 文化自信的增强与提升

传统文化与现代价值观的交融有助于增强和提升文化自信。文化自信是一个民族对自身文化的认同和自豪感的体现,它对于维护国家文化安全、推动文化创新具有重要意义。在传统文化与现代价值观的交融中,人们通过对传统文化的深入了解和认识,更加深刻地认识到传统文化的独特魅力和价值所在,从而增强了对自身文化的自信心。同时,通过现代价值观的学习和实践,人们也更加清楚地认识到自身文化的不足之处和需要改进的地方,从而推动了文化的创新和发展。这种文化自信心的增强和提升不仅有助于维护国家文化安全、推动文化创新和发展,还有助于提升国家的国际影响力和竞争力。

(四) 社会和谐的促进与构建

传统文化与现代价值观的交融还有助于促进和构建社会和谐。和谐社会是一个安定有序、和谐相处的社会状态,它需要人们的共同努力和积极参与。在传统文化与现代价值观的交融中,人们通过学习和实践传统文化中的优秀价值观念和现代价值观中的先进理念,形成了共同的价值追求和行为准则。这些共同的价值追求和行为准则有助于减少社会矛盾和冲突、促进人际和谐和社会稳定。同时，传统文化中的和谐共处、包容并蓄等价值观念也为现代社会提供了重要的思想资源和精神支撑。这种社会和谐的促进和构建不仅有利于个人的成长和发展、家庭的幸福美满，还有利于社会的繁荣稳定和国家的长治久安。

二、传统文化在道德建设中的作用

（一）道德传承与教育的基础

传统文化在道德建设中起到道德传承与教育的基础作用。传统文化中蕴含着丰富的道德资源和智慧，这些道德资源是历代先贤们对人生、社会、自然等方面的深刻思考和总结。它们通过诗词、典籍、礼仪、习俗等形式得以传承，成为道德教育的宝贵资源。

首先，传统文化为道德教育提供了丰富的历史案例和经典故事，如《论语》《道德经》等经典著作中的道德箴言和人物故事，为人们提供了具体的道德榜样和参照。这些故事和案例能够生动地展现道德的力量和价值，激发人们的道德情感和道德意识。

其次，传统文化中的道德教育注重实践性和操作性。其强调通过礼仪、习俗等日常生活中的行为规范和仪式活动来培养人们的道德情感和道德习惯。这种教育方式使得道德教育更加贴近人们的生活实际，更容易被人们接受和践行。

最后，传统文化中的道德教育强调家庭、学校、社会三位一体的教育体系。其认为家庭是道德教育的起点和基础，学校是道德教育的重要场所，社会则是道德教育的实践舞台。这种教育体系使得道德教育更加全面、系统、有效。

（二）道德规范的塑造与约束

传统文化在道德建设中还起到道德规范的塑造与约束作用。传统文化中的道德规范是人们在长期的社会实践中形成的共识和准则，对于维护社会秩序、保障社会稳定具有重要意义。

首先，传统文化中的道德规范为人们的行为提供了明确的指导和约束。这些规范涵盖了个人品德、家庭关系、社会公德等方面，为人们的日常行为提供了具体的标准和要求。人们通过遵守这些规范来维护社会的和谐与稳定。

其次，传统文化中的道德规范具有强大的社会舆论力量。在传统文化中，人们非常重视道德评价和道德舆论的作用。对于符合道德规范的行为，人们会给予赞扬和尊重；对于违反道德规范的行为，则会给予谴责和惩罚。这种社会舆论力量能够有效地约束人们的行为，维护社会的道德风尚。

最后，传统文化中的道德规范还具有自我约束的作用。在传统文化中，人们非常注重道德修养和道德自律。人们通过自我反省、自我约束等方式来提升自己的道德水平，从而为社会树立良好的道德榜样。

（三）道德情感的培育与熏陶

传统文化在道德建设中还起到道德情感的培育与熏陶作用。道德情感是人们对道德规范和道德行为的主观体验和感受，对于人们的道德行为具有重要的推动作用。

首先，传统文化中的诗词、歌赋、戏曲等艺术形式蕴含着丰富的道德情感元素。这些艺术形式通过生动的故事情节、优美的语言和音乐等手段来展现道德的力量和价值，激发人们的道德情感和道德共鸣。

其次，传统文化中的节日庆典、礼仪仪式等社会活动也为人们提供了感受道德情感的机会。在这些活动中，人们通过参与仪式、体验传统等方式来感受道德的力量和价值，从而增强自己的道德情感和道德认同。

最后，传统文化中的道德教育还注重情感教育和人文关怀。其强调关注人们的内心世界和情感体验，通过情感交流和人文关怀来增强人们的道德情感和道德认同。这种教育方式使得道德教育更加人性化、情感化，更容易被人们接受和践行。

（四）道德创新与发展的动力

传统文化在道德建设中还起到道德创新与发展的推动作用。虽然传统文化中的道德规范和价值观念具有一定的稳定性和持久性，但是它们也需要不断地创新和发展，才能适应时代的变化和社会的需求。

首先，传统文化中的道德规范和价值观念可以与现代社会的价值观念相结合，形成新的道德规范和价值观念。例如，在现代社会中，人们更加注重个人自由和民主法治等价值观念，这些价值观念可以与传统文化中的平等、公正等价值观念相结合，形成新的道德规范和价值观念。

其次，传统文化中的道德教育方式也可以不断地创新和发展。随着科技的发展和社会的进步，人们的教育方式和手段也在不断地更新和变化。传统文化中的道德教育可以借鉴现代教育的理念和方法，通过多元化的教育方式和手段来增强道德教育的吸引力和实效性。

最后，传统文化中的道德智慧和道德资源也可以为道德创新和发展提供新的思路和方向。传统文化中蕴含着丰富的道德智慧和道德资源，这些智慧和资源可以为现代社会中的道德问题提供新的解决方案和思路。通过挖掘和利用这些智慧和资源，人们可以不断地推动道德创新和发展，为社会的道德建设注入新的活力。

三、传统文化在科技创新中的启示

（一）思维方式与创新理念

传统文化在科技创新中首先提供了独特的思维方式和创新理念。传统文化中蕴含的哲学思想、价值观念及审美观念，对科技创新的思维方式产生了深远的影响。

首先，传统文化中的"天人合一"思想，强调人与自然的和谐共生，这种思想促使科技工作者在创新过程中注重生态平衡和可持续发展，推动绿色科技、环保科技的研发。同时，这种思想也鼓励人们从自然中汲取灵感，通过模仿自然、学习自然来实现科技创新。

其次，传统文化中的"中庸之道"强调平衡与和谐，这种思维方式在科技创新中表现为追求技术的平衡发展，避免技术过度发展带来的负面影响。它鼓励科技工作者在创新过程中注重技术的实用性和可靠性，追求技术的长期稳定发展。

最后，传统文化中的"兼容并蓄"思想，鼓励人们吸收不同文化的优点，这种思想在科技创新中表现为跨学科、跨领域的融合创新。它促使科技工作者打破学科壁垒，将不同领域的知识和技术进行融合，实现技术的跨越式发展。

（二）实践精神与实验方法

传统文化中的实践精神和实验方法也为科技创新提供了重要的启示。传统文化强调"知行合一"，即理论与实践相结合，这种实践精神在科技创新中表现为注重实验验证和实际应用。

首先，传统文化中的实践精神鼓励科技工作者勇于实践、敢于尝试。在科技创新过程中，科技工作者需要不断尝试新的方法、新的技术，通过实践来验证理论的正确性。这种实践精神有助于推动科技创新的不断发展。

其次，传统文化中的实验方法也为科技创新提供了重要的参考。例如，中医的"望闻问切"四诊法，通过观察、询问、听诊和触诊等多种方式来获取病人的信息，这种全面、系统的诊断方法可以为科技创新提供多元化的思考角度和方法。

（三）伦理道德与人文关怀

传统文化中的伦理道德和人文关怀对科技创新也产生了重要的影响。科技创新不仅仅追求技术的进步和经济效益，还需要关注其对社会、对人类的影响。

其一，传统文化中的伦理道德为科技创新提供了道德准则和行为规范。在科技创新过程中，科技工作者需要遵循一定的伦理道德准则，如尊重生命、保护环境等。这些准则有助于确保科技创新的健康发展，避免科技滥用带来的负面影响。

其二，传统文化中的人文关怀也促使科技工作者关注科技创新的人文价值。科技创新应该以人为本，关注人的需求、人的幸福。在科技创新过程中，科技工作者需充分考虑科技产品的实用性、易用性和安全性，确保科技产品能够更好地服务于人类社会。

（四）文化融合与创新生态

传统文化在科技创新中的另一个重要启示是文化融合与创新生态的构建。在全球化的背景下，不同文化之间的交流和融合成为推动科技创新的重要动力。

第一，传统文化中的"和而不同"思想鼓励不同文化之间的交流和融合。在科技创新过程中，不同文化之间的交流和融合可以带来新的思想、新的方法和新的技术，推动科技创新的不断发展。

第二，传统文化中的"兼容并蓄"思想也为创新生态的构建提供了重要的启示。在创新生态中，不同领域、不同学科之间的交流和融合可以形成新的创新点和创新模式，推动科技创新的跨越式发展。同时，创新生态的构建也需要注重人才的培养和引进，为科技创新提供源源不断的人才支持。

四、传统文化在国际交流中的价值

（一）独特文化身份与认同感

在国际交流中，传统文化具有塑造和传达独特文化身份与认同感的重要价值。每个国家和民族都拥有自己独特的传统文化，这些文化不仅代表了各自的历史、价值观和生活方式，更是国家和民族认同感的重要来源。通过在国际舞台上展示和传播传统文化，一个国家或民族可以向世界传达其独特的文化身份，增强国际社会对其的认知和理解。

以中国为例，中国传统文化源远流长，包括诗词、书法、戏曲、中医等众多独特的文化形式。这些文化形式不仅代表了中国的历史和文化传统，更成为中国人自我认同和民族自豪感的重要来源。在国际交流中，中国通过展示和推广这些传统文化，成功地向世界传达了独特的文化身份，增强了国际社会对中国的认知和尊重。

（二）文化多元与包容性的推动

传统文化在国际交流中具有推动文化多元与包容性的价值。在全球化的背景下，不同文化之间的交流和碰撞日益频繁，如何在尊重差异的基础上实现文化多元与包容，成为国际交流中的重要议题。传统文化作为各国文化的重要组成部分，其独特的魅力和深厚的底蕴可以为文化多元与包容性的推动提供重要支持。

通过在国际交流中展示和传播传统文化，人们可以更好地了解和欣赏不同文化的独特之处，增强对不同文化的尊重和理解。同时，传统文化中的包容性元素也可以为国际交流中的文化融合提供借鉴和启示。例如，中国传统文化中的"和而不同"理念，强调在尊重差异的基础上实现和谐共处，这种理念对于推动国际文化交流和合作具有重要意义。

（三）国际影响力的提升与扩展

传统文化在国际交流中具有提升和扩展国际影响力的价值。一个国家和民族的文化影响力是通过其文化的传播和推广来实现的，而传统文化作为各国文化的重要组成部分，其独特的魅力和深厚的底蕴可以为国家在国际舞台上赢得更多的关注和尊重。

通过在国际交流中展示和传播传统文化，一个国家可以向世界展示其独特的文化魅力和文化底蕴，吸引更多的国际游客和投资者前来体验和探索。同时，传统文化的传播也可以为国家在国际舞台上赢得更多的合作机会和话语权，提升其在国际事务中的影响力和地位。

（四）文化自信的增强与展示

传统文化在国际交流中具有增强和展示文化自信的价值。文化自信是一个国家和民族对自身文化价值和魅力的肯定和自信，是推动文化发展和创新的重要动力。在国际交流中展示和传播传统文化，有助于增强国家和民族的文化自信，激发文化创造力和创新精神。

通过在国际交流中展示和传播传统文化，人们可以更好地了解和欣赏自己文化的独特之处和深厚底蕴，增强对自己文化的认同感和自豪感。同时，传统文化的传播也可以为国家在国际舞台上树立文化强国的形象，展示其文化的独特魅力和价值。这种文化自信的增强和展示有助于推动文化的创新和发展，为国家在国际竞争中赢得更多的优势和机遇。

第四节 传统文化与现代社会的融合

一、传统文化与现代生活的融合方式

（一）文化元素的现代诠释

传统文化与现代生活的融合，首先体现在对传统文化元素的现代诠释上。这不仅仅是对传统文化符号的简单移植，更是通过现代视角、现代技术和现代审美对传统文化进行深入的挖掘和再创造。

例如，中国的传统图案如龙、凤、牡丹等，在现代设计中得到了广泛的运用。设计师们将这些传统图案抽象化、简约化或与其他元素进行融合，创造出既具有传统韵味又符合现代审美的新图案。这种融合方式不仅保留了传统文化的精髓，也赋予了传统文化新的生命力。

此外，传统文学、音乐、戏曲等艺术形式也可以与现代艺术形式相结合，创造出新的艺术表现形式。比如，将传统诗词与现代音乐相结合，创作出具有古典韵味的现代歌曲；将传统戏曲与现代话剧相结合，创造出新颖的戏剧形式。这些融合方式不仅丰富了现代艺术的表现手法，也让传统文化在现代生活中焕发出新的光彩。

（二）传统习俗的现代转型

传统习俗是传统文化的重要组成部分，其在现代生活中也需要进行适当的转型，以适应现代社会的需求。

以中国的传统节日为例，春节、中秋节、端午节等传统节日在现代社会中仍然具有重要地位。然而，随着生活方式的改变，人们过节的方式也发生了变化。比如，春节期间的庙会、灯会等活动，现在更多地融入了现代科技元素，如虚拟现实、增强现实等，让人们在体验传统文化的同时，也能感受到现代科技的魅力。

此外，一些传统习俗也可以与现代生活相结合，形成新的生活方式。比如，茶道、书法等传统文化活动，已经成为一些现代人的休闲方式。人们通过参与这些活动，不仅可以感受到传统文化的魅力，也能在忙碌的生活中找到一份宁静和放松。

（三）教育传承与创新发展

教育是传承和发展传统文化的重要途径。在现代教育中，我们需要将传统文化与现代教育相结合，通过创新教育方式和方法，将传统文化融入现代教育中。

首先，我们可以在学校课程中增加传统文化的内容，让学生在学习科学知识的同时，也能了解和欣赏传统文化。其次，我们可以利用现代技术，如互联网、多媒体等，为传统文化的传承和发展提供更加便捷、高效的手段。最后，我们还可以通过开展各种传统文化活动，如书法比赛、诗词朗诵等，激发学生的兴趣和热情，促进传统文化的传承和发展。

（四）社会实践与文化交流

社会实践和文化交流是传统文化与现代生活融合的重要途径。通过社会实践和文化交流，我们可以让更多的人了解和体验传统文化，促进传统文化与现代生活的融合。

在社会实践中，我们可以组织各种传统文化体验活动，如茶艺体验、书法体验等，让人们在亲身体验中感受传统文化的魅力。同时，我们还可以将传统文化与现代社会热点相结合，如将传统文化元素融入现代商业活动中，创造出具有传统文化特色的产品和服务。

在文化交流中，我们可以积极开展国际文化交流活动，将中国的传统文化介绍给世界各国人民。同时，我们也可以学习和借鉴其他国家的优秀文化成果，促进不同文化之间的交流和融合。这种文化交流不仅可以增进不同国家之间的友谊和了解，也可以为传统文化的创新和发展提供新的思路和灵感。

二、传统文化在现代教育体系中的地位

（一）传统文化的教育价值认同

在现代教育体系中，传统文化占据了举足轻重的地位。首先，传统文化的教育价值得到了广泛的认同。传统文化作为一个国家或民族的精神灵魂，包含了丰富的历史、哲学、艺术和科学等方面的知识。这些知识不仅有助于培养学生的综合素质，还能帮助他们更好地理解和认同自己的文化根源。

在现代教育中，传统文化被视为一种宝贵的教育资源。通过学习和传承传统文化，学生可以了解古人的智慧和经验，从中汲取营养，提高自己的思维能力和创造力。同时，传统文化还能培养学生的道德品质和社会责任感，引导他们树立正确的价值观念，形成健康的人格。

（二）传统文化的课程融合

在现代教育体系中，传统文化的融合体现在课程设置和教学内容上。许多国家和地区都将传统文化纳入课程体系，作为必修或选修课程。这些课程涵盖了文学、历史、艺术、哲学等多个领域，通过系统的教学和训练，让学生全面了解传统文化的内涵和价值。

同时，现代教育也注重将传统文化与现代科技相结合，利用多媒体、互联网等现代技术手段，创新教学可以方法。例如，通过数字化图书馆、在线课程等方式，让学生随时随地访问和学习传统文化知识。这种融合不仅提高了教学效果，也提高了学生的学习兴趣和参与度。

（三）传统文化的实践教育

在现代教育体系中，传统文化的实践教育也占据了重要地位。实践教育

是将理论知识与实际操作相结合的教育方式，有助于培养学生的动手能力和创新能力。

在传统文化教育中，实践教育包括多个方面。例如，学生可以参与传统手工艺制作、传统音乐演奏、传统戏曲表演等活动，亲身感受传统文化的魅力。这些活动不仅有助于提高学生的文化素养，还能培养他们的审美能力和创造力。

此外，学校还可以组织传统文化体验活动，如参观历史博物馆、文化遗产地等，让学生亲身体验传统文化的历史渊源和文化内涵。这些活动能够增强学生的文化认同感和自豪感，促进他们对传统文化的热爱和传承。

（四）传统文化的国际交流与合作

在现代教育体系中，传统文化的国际交流与合作也是重要的一环。随着全球化的深入发展，不同文化之间的交流和融合越来越频繁。通过国际交流与合作，可以让不同国家和地区的学生互相了解和学习彼此的文化传统。

在传统文化教育方面，国际交流与合作可以通过多种方式实现。例如，可以开展学生互换项目，让不同国家的学生互相到对方国家学习传统文化知识；可以举办国际文化节等活动，展示不同国家和地区的传统文化；还可以开展学术研究合作，共同研究和探讨传统文化的传承和发展问题。

总之，传统文化在现代教育体系中占据着重要的地位。通过认同传统文化的教育价值、将传统文化融入课程体系、开展实践教育和加强国际交流与合作等方式，可以更好地传承和发展传统文化，培养具有全球视野和跨文化交流能力的人才。

三、传统文化在媒体传播中的表现

（一）传统文化内容的丰富性与多样性

在媒体传播中，传统文化内容的丰富性与多样性是其显著特点之一。传统文化包含诗词、书法、绘画、音乐、戏曲、民俗、节日等多个方面，这些元素在媒体传播中得到了广泛的展现。

首先，媒体通过文字、图片、视频等多种形式，将传统文化的精髓呈现给受众。例如，新闻报道中经常涉及传统节日的庆祝活动、传统手工艺的制作过程等；纪录片则通过深入地挖掘和记录，展现传统文化的历史渊源和文化内涵；综艺节目则以轻松愉快的方式，向观众展示传统文化的独特魅力。

其次，媒体在传播传统文化时，注重内容的多样性和差异性。不同地区、不同民族的传统文化有着不同的特点和表现形式，媒体在传播过程中注重展现这些差异，让观众能够全面了解和认识传统文化的多样性。

最后，媒体还通过创新的方式，将传统文化与现代元素相结合，创造出新的文化产品。例如，将传统戏曲与流行音乐相结合，创作出具有传统韵味的现代歌曲；将传统手工艺与现代设计理念相结合，设计出既有传统韵味又符合现代审美的新产品。这些创新性的尝试不仅丰富了传统文化的内容，也吸引了更多年轻人的关注和喜爱。

（二）传统文化传播的广泛性与深入性

媒体作为信息传播的重要渠道，具有传播速度快、覆盖面广的特点。在传统文化传播中，媒体通过广播、电视、互联网等多种渠道，将传统文化的内容传播到全国各地，甚至全球范围。

首先，传统媒体如广播、电视等通过新闻节目、纪录片、综艺节目等多种形式，将传统文化的精髓传递给广大观众。这些节目不仅具有娱乐性，还具有一定的教育意义，让观众在欣赏节目的同时，能够了解和认识传统文化的内涵和价值。

其次，随着互联网的普及和发展，网络媒体成为传统文化传播的重要渠道。网络媒体具有互动性强、信息更新快等特点，使得传统文化在网络空间中的传播更加广泛和深入。许多文化学者、艺术家等通过网络平台发布关于传统文化的文章、视频等，与网友进行互动交流，进一步推动了传统文化的传播和普及。

最后，媒体还通过举办各种文化活动、展览等方式，将传统文化推向更广泛的受众群体。例如，在博物馆、艺术馆等公共场所举办传统文化展览，让观众能够亲身感受传统文化的魅力；在学校、社区等场所举办传统文化讲座、工作坊等活动，让更的多人能够接触和了解传统文化。

（三）传统文化传播的互动性与参与性

在媒体传播中，传统文化不再是单一的信息输出，而是通过与受众的互动和参与，实现双向传播。这种互动性和参与性不仅增强了受众对传统文化的兴趣和认同感，还促进了传统文化的传承和发展。

首先，媒体通过社交媒体、在线论坛等平台，为受众提供了参与传统文化讨论和交流的渠道。受众可以在这些平台上分享自己的文化体验和感悟，与他人进行互动和交流，进一步推动传统文化的传播和普及。

其次，媒体还通过举办各种线上、线下活动，鼓励受众参与到传统文化的传承和发扬中来。例如，通过网络投票评选出最受欢迎的传统文化节目、活动等；在传统文化节日期间组织线上线下的庆祝活动，吸引更多的人关注和参与传统文化的传承和发展。

最后，媒体还通过创新的方式，将传统文化与现代科技相结合，提高受众的参与度和体验感。例如，利用虚拟现实技术模拟传统文化场景，让观众能够身临其境地感受传统文化的魅力；通过互动游戏等方式，让观众在娱乐中学习和了解传统文化知识。

（四）传统文化传播的国际化与跨文化交流

在全球化的背景下，传统文化传播也呈现出国际化与跨文化交流的趋势。媒体作为跨文化交流的重要平台，在传统文化传播中发挥了重要作用。

首先，媒体通过国际新闻报道、文化交流节目等方式，将中国的传统文化介绍给世界各地的人们。这些节目不仅展示了中国传统文化的独特魅力，也促进了不同文化之间的交流和融合。

其次，媒体还积极引进和翻译国外优秀的传统文化作品，为受众提供更多元化的文化选择。这些作品不仅丰富了受众的文化生活，也促进了中外文化的相互借鉴和融合。

最后，媒体还通过举办国际文化交流活动、组织国际文化论坛等方式，为不同国家和地区的文化学者、艺术家等提供交流和合作的平台。这些活动不仅有助于推动传统文化的国际传播，还促进了不同文化之间的对话和交流。

四、传统文化与现代科技的结合应用

（一）科技助力传统文化的数字化保存与传承

随着现代科技的飞速发展，传统文化面临着保存与传承的新机遇。数字化技术为传统文化的保存提供了前所未有的便利和可能性。通过数字化扫描、高清摄影、三维建模等技术手段，可以将古籍、文物、艺术品等传统文化遗产进行数字化处理，保存在数据库中，使得这些珍贵的文化遗产得以长期保存和传承。

数字化保存不仅解决了传统保存方式中易损坏、易丢失的问题，而且便于检索、共享和传承。通过互联网，人们可以随时随地访问这些数字化资源，了解和学习传统文化知识。此外，数字化保存还可以为文化学者、艺术家等提供丰富的素材和灵感，促进传统文化的创新和发展。

在数字化保存的基础上，虚拟现实（VR）、增强现实（AR）等先进技术进一步丰富了传统文化的传承方式。通过 VR 技术，人们可以身临其境地感受传统文化的历史场景和氛围；通过 AR 技术，人们可以将传统文化元素与现代生活场景相结合，创造出新颖有趣的文化体验。这些技术的应用使得传统文化的传承更加生动、直观和有趣。

（二）科技推动传统文化的创新与发展

现代科技为传统文化的创新与发展提供了强有力的支持。在艺术创作领域，数字艺术、新媒体艺术等形式的出现，为传统文化的创新提供了新的思路和手段。艺术家们可以利用数字技术和新媒体手段，将传统文化元素与现代艺术理念相结合，创作出具有独特魅力和时代感的文化作品。

在产品设计领域，传统工艺与现代设计理念结合，通过现代科技手段，使得传统工艺品焕发出新的生机。例如，通过 3D 打印技术复制传统工艺品，既保留了传统工艺品的艺术价值，又提高了生产效率；通过智能制造技术改进传统手工艺品的生产流程，提高了产品质量和附加值。

此外，现代科技还为传统文化的传播和推广提供了新的平台和渠道。通过互联网、社交媒体等新媒体平台，人们可以更加便捷地获取和分享传统文化信息。同时，这些平台也为传统文化爱好者提供了交流和互动的空间，促进了传统文化的传承和发展。

（三）科技提升传统文化的教育价值

传统文化在现代教育体系中占据重要地位，而现代科技为传统文化的教育提供了更多的可能性。通过数字化教学资源和在线教育平台，学生可以更便捷地获取传统文化知识。同时，通过虚拟现实、增强现实等技术手段，学生可以更直观地感受传统文化的魅力和内涵。

此外，现代科技还可以为传统文化的教育提供个性化的学习体验。通过分析学生的学习数据和行为习惯，教师可向为学生提供更加精准的学习建议和资源推荐。同时，学生也可以根据自己的兴趣和需求，选择适合自己的学习方式和内容。这种个性化的学习方式有助于提高学生的学习效率和兴趣度，促进传统文化的传承和发展。

（四）科技促进传统文化的国际交流与合作

在全球化的背景下，传统文化的国际交流与合作日益频繁。现代科技为传统文化的国际交流与合作提供了更加便捷和高效的手段。通过互联网、视频会议等远程交流工具，不同国家和地区的文化学者、艺术家等可以随时随地进行交流和合作。同时，现代科技也为传统文化的国际传播提供了更加广阔的舞台。通过数字媒体、社交媒体等新媒体平台，世界各地的受众可以更加便捷地获取和分享传统文化信息。这不仅有助于推动传统文化的国际传番和交流合作，还有助于促进不同文化之间的对话和理解。

第五节　传统文化传承的当代策略

一、政策引导与法律保护

（一）政策引导：明确传统文化传承的战略地位

在传统文化传承的当代策略中，政策引导是首要且关键的一环。政府应明确传统文化在国家发展中的战略地位，通过制定一系列政策措施，为传统文化的传承提供有力支持。首先，政府应将传统文化传承纳入国家文化发展战略，作为文化强国建设的重要内容。其次，政府应加大对传统文化传承的财政投入，设立专项资金用于传统文化的保护、研究和传承工作。最后，政府还应通过税收优惠、文化产业发展政策等手段，鼓励和支持文化企业、社会组织等参与传统文化的传承与发展。

（二）法律保护：建立健全传统文化保护法律体系

法律保护是传统文化传承的重要保障。为了有效保护传统文化，政府应建立健全传统文化保护法律体系。首先，应制定和完善相关法律法规，明确传统文化的保护范围、保护措施和法律责任。其次，应加强对传统文化知识产权的保护，打击侵权行为，维护传统文化创作者的合法权益。最后，还应加强对传统文化传承人的认定和保护，提高他们的社会地位和经济待遇，激发他们的传承热情和创新精神。

（三）政策与法律的协同作用：确保传统文化传承的可持续性

政策引导与法律保护在传统文化传承中具有协同作用。政府应通过政策引导明确传统文化的战略地位和发展方向，同时通过法律保护确保传统文化的传承安全。政策与法律的协同作用可以形成有效的保障机制，确保传统文化传承的可持续性。此外，政府还应加强政策与法律之间的衔接和配合，确保政策的有效实施和法律的严格执行。

二、教育传承与创新发展

（一）深化教育体系改革，融入传统文化元素

在教育传承方面，首先需要对现有的教育体系进行深化改革，将传统文化元素融入其中，包括从课程设置、教材编写到教学方法的全面改革。课程设置上，应增加传统文化相关课程，如国学、诗词、书法、绘画等，让学生在学习现代知识的同时，也能深入了解传统文化的精髓。教材编写上，应注重传统文化的融入，通过生动的案例、故事等形式，让学生感受到传统文化的魅力。教学方法上，应采用多样化的教学手段，如讲座、讨论、实践等，激发学生的学习兴趣，培养他们的自主学习能力。同时，还需要注重教育体系的整体性，将传统文化教育贯穿于各个学段和学科之中。从幼儿园到大学，每个阶段都应有相应的传统文化教育内容，让学生在成长的过程中逐渐加深对传统文化的理解和认同。在学科设置上，也应注重传统文化的渗透，如历史、文学、艺术等学科，都可以将传统文化作为重要的教学内容。

（二）创新传统文化教育模式，提高教育质量

在传承传统文化的同时，也需要注重创新。创新传统文化教育模式，可以提高学生的学习效率和兴趣度，从而更好地传承和发展传统文化。具体来说，可以从以下几个方面进行创新：

其一，利用现代科技手段进行传统文化教育。通过虚拟现实、增强现实等技术手段，将传统文化元素以更生动、直观的形式展现出来，让学生在学习过程中获得更深刻的体验。

其二，采用互动式教学方式。通过小组讨论、角色扮演等形式，让学生在互动中深入了解传统文化的内涵和价值，提高他们的参与度和学习兴趣。

其三，鼓励跨学科融合。将传统文化与其他学科进行融合，如将文学与

历史、艺术与科学等进行结合，让学生在跨学科的学习中更全面地了解传统文化。

（三）加强师资队伍建设，提高教师传统文化素养

教师是传统文化教育的重要承担者，他们的传统文化素养直接影响着教育效果。因此，需要加强师资队伍建设，提高教师的传统文化素养。具体来说，可以从以下几个方面入手：

一是加强教师培训。组织专门的传统文化培训班，邀请专家学者向教师传授传统文化知识，提高他们的教学水平。

二是鼓励教师自主学习。为教师提供丰富的学习资源和平台，鼓励他们自主学习传统文化知识，不断提升自己的文化素养。

三是建立健全激励机制。对于在传统文化教育中表现优秀的教师给予表彰和奖励，以激发他们的工作热情和创新精神。

（四）拓展传统文化教育渠道，营造良好教育氛围

除了学校教育外，还需要拓展传统文化教育的渠道，营造良好的教育氛围。具体来说，可以从以下几个方面入手：

一是开展社区教育。利用社区资源开展传统文化教育活动，如举办讲座、展览等，让更多的人了解和学习传统文化。

二是加强家庭教育。家长是孩子的第一任老师，他们的言传身教对孩子的影响至关重要。因此，需要加强家庭教育在传统文化传承中的作用，让家长成为孩子学习传统文化的重要引导者。

三是利用新媒体平台进行在线教育。利用互联网等新媒体平台开展传统文化在线教育，让更多的人能够随时随地接触到传统文化知识，拓宽教育渠道。

三、社会参与与文化自觉

（一）培养社会参与意识，激发文化自觉

在传统文化传承的过程中，社会参与和文化自觉是不可或缺的两个要素。首先，培养社会参与意识是推动传统文化传承的基础。这要求社会各界充分认识传统文化的重要性，并积极参与其中。政府、企业、社会组织、媒体等各方应共同发力，形成合力，推动传统文化的传承与发展。同时，个人也应树立参与意识，将传承传统文化视为自己的责任和义务。

在培养社会参与意识的过程中，文化自觉是关键。文化自觉是指对传统文化的深刻理解、认同和尊重。只有当社会成员具备文化自觉时，才能更加主动地参与到传统文化的传承中来，为传统文化的发展贡献自己的力量。

（二）加强社会宣传，提高传统文化认知度

提高传统文化认知度是推动社会参与和文化自觉的重要途径。政府和社会组织应加大宣传力度，通过各种渠道向公众普及传统文化知识，让更多的人了解传统文化的内涵和价值。同时，媒体也应发挥重要作用，通过新闻报道、专题节目、文化评论等方式，提高公众对传统文化的关注度和认知度。

在宣传过程中，应注重传统文化的时代价值和实践意义。传统文化不仅是一种历史遗产，更是一种精神财富和实践智慧。通过宣传传统文化的时代价值和实践意义，可以激发社会成员对传统文化的兴趣和热情，促进传统文化的传承与发展。

（三）搭建社会参与平台，拓宽文化传承渠道

搭建社会参与平台是推动社会参与和文化自觉的重要手段。政府和社会组织可以通过建立传统文化传承中心、博物馆、艺术馆等文化设施，为公众提供学习和参与传统文化的机会。同时，还可以举办各种传统文化活动，如文化节、庙会、传统手工艺制作等，吸引更多的人参与到传统文化的传承中来。

此外，互联网等新媒体平台也为传统文化的传承提供地了新的渠道。通过开设传统文化网站、社交媒体账号等，可以让更多的人随时随地了解和学习传统文化。同时，还可以利用互联网平台的互动性和参与性，鼓励公众积极参与传统文化的讨论和创作，形成浓厚的文化氛围。

（四）建立激励机制，鼓励社会参与和文化自觉

建立激励机制是推动社会参与和文化自觉的重要保障。政府可以制定相关政策，对在传统文化传承中做出突出贡献的个人和组织给予表彰和奖励。同时，还可以设立传统文化传承基金，为传统文化的传承和发展提供资金支持。

除了政府层面的激励外，社会各界也应积极参与激励机制的建立。例如，企业可以设立文化基金，支持传统文化的传承和发展；社会组织可以举办传统文化比赛和展览，鼓励公众积极参与；媒体可以加大对传统文化传承的报道和宣传，提高公众对传统文化的关注度和认知度。

总之，社会参与和文化自觉是推动传统文化传承的重要力量。通过培养社会参与意识、加强社会宣传、搭建社会参与平台和建立激励机制等手段，可以激发社会成员对传统文化的兴趣和热情，促进传统文化的传承与发展。

第二章　中国文学艺术的传统与创新

第一节　古典文学的艺术魅力

一、诗词歌赋的韵律美

（一）音韵的和谐与变化

诗词歌赋的韵律美，首先体现在音韵的和谐与变化上。音韵作为诗词歌赋的基石，通过声、韵、调的巧妙搭配，营造出一种独特的音乐感。在诗词中，诗人会精心选择字词的发音，使诗句在朗读时能够产生悦耳动听的效果。同时，音韵的变化也是诗词韵律美的重要体现。通过平仄、押韵等手法的运用，诗人能够创造出抑扬顿挫、回环往复的韵律效果，使诗词更具表现力和感染力。

在音韵的和谐方面，诗人会遵循一定的音律规则，如平仄搭配、韵脚相押等。这些规则不仅保证了诗词的和谐统一，还使得诗词在朗读时能够产生优美的旋律。同时，诗人还会根据表达的需要，巧妙地运用音韵的变化，使诗词在和谐中又不失变化，更富有韵味。

（二）节奏的明快与舒缓

除了音韵的和谐与变化外，诗词歌赋的韵律美还体现在节奏的明快与舒缓上。节奏是诗词歌赋中重要的音乐元素之一，它通过字词的排列组合和停顿，形成了一种独特的韵律感。在诗词中，诗人会根据表达的需要，运用不同的节奏手法，如长短句、对仗等，使诗词在朗读时产生不同的节奏效果。

明快的节奏能够使诗词更具活力和动感，给读者带来强烈的视觉和听觉冲击。如《静夜思》中的"床前明月光，疑是地上霜"，通过短促有力的节奏，表达了诗人对故乡的思念之情。而舒缓的节奏则能够使诗词更具抒情性和感染力，让读者在轻松愉悦的氛围中感受到诗词的美妙。如《春江花月夜》中的"春江潮水连海平，海上明月共潮生"，通过舒缓悠长的节奏，描绘了春江花月夜的美丽景象。

（三）意象的丰富与生动

诗词歌赋的韵律美还体现在意象的丰富与生动上。意象是诗词歌赋中重要的艺术元素之一，它通过具体的形象描绘，使读者能够直观地感受到诗词所表达的情感和意境。在诗词中，诗人会运用丰富的想象力和生动的描绘手法，创造出各种独特的意象。

这些意象不仅具有独特的审美价值，还能够与音韵和节奏相结合，共同创造出一种独特的韵律美。如《将进酒》中的"君不见黄河之水天上来，奔流到海不复回"，通过生动的意象描绘，表达了诗人对人生短暂、时光易逝的感慨之情。同时，这种意象与音韵和节奏的完美结合，也使得这首诗在韵律上更具魅力。

（四）情感的深沉与真挚

诗词歌赋的韵律美还体现在情感的深沉与真挚上。情感是诗词歌赋的灵魂所在，通过诗人的笔触和音韵的渲染，传达出诗人内心的情感和思想。在诗词中，诗人会运用各种手法来表达自己的情感，如直抒胸臆、借景抒情等。

这些情感的表达不仅具有深沉的内涵和真挚的情感，还能够与音韵和节奏相结合，共同创造出一种独特的韵律美。如《登高》中的"风急天高猿啸哀，渚清沙白鸟飞回"，通过描绘登高远眺的景色，表达了诗人内心的孤独和苦闷。同时，这种情感与音韵和节奏的完美结合，也使得这首诗在韵律上更具感染力。

二、古典小说的叙事艺术

（一）独特的叙事视角与结构

古典小说的叙事艺术首先体现在其独特的叙事视角与结构上。古典小说作家通过精心设计的叙事视角，将读者带入一个丰富多彩、错综复杂的世界。他们善于运用第一人称、第三人称等不同的叙事视角，以及全知视角和限知视角的转换，来展现故事的全貌和人物的内心世界。这种叙事视角的多样性不仅增加了故事的可读性和吸引力，还使得人物塑造更加立体、生动。

在叙事结构上，古典小说也展现出独特的魅力。作家们善于运用章回体、起承转合等传统叙事结构，将故事分为若干个章节或段落，通过章节之间的巧妙衔接和转换，达到一种跌宕起伏、引人入胜的叙事效果。同时，古典小说还注重情节的连贯性和逻辑性，通过精心设计的情节布局和人物关系，使得故事发展更加自然、合理。

（二）丰富的人物塑造与性格刻画

古典小说的叙事艺术还体现在其丰富的人物塑造与性格刻画上。作家们通过细腻的笔触和生动的描绘，塑造出了一系列鲜活、复杂的人物形象。他们不仅注重人物的外貌、言行举止等外在特征的描绘，还深入挖掘人物的内心世界和情感变化，使得人物形象更加立体、真实。

在人物性格的刻画上，古典小说也展现出了高超的艺术技巧。作家们善于通过人物的行为、语言、心理等方面的描写，揭示出人物的性格特点和思想情感。他们运用对比、衬托等手法，使得人物性格更加鲜明、突出。同时，古典小说还注重人物性格的发展变化，通过人物的经历和成长，展现出人性的复杂性和多样性。

（三）生动的场景描写与氛围营造

古典小说的叙事艺术还体现在其生动的场景描写与氛围营造上。作家们善于运用细腻的笔触和丰富的想象力，描绘出一个个栩栩如生、充满生活气息的场景。他们通过对环境、气氛、色彩等方面的描绘，使得读者能够身临其境地感受到故事所发生的环境和氛围。

在氛围营造上，古典小说也展现出了高超的艺术技巧。作家们善于运用象征、隐喻等手法，将故事所表达的主题和情感融入场景描写中，使得故事氛围更加浓郁、感人。同时，古典小说还注重场景与人物、情节的呼应和融合，使得整个故事更加和谐、统一。

（四）深刻的主题思想与社会寓意

古典小说的叙事艺术最终体现在其深刻的主题思想与社会寓意上。作家们通过精心设计的故事情节和人物形象，传达出对人性、社会、历史等方面的深刻思考和感悟。他们关注社会现实和人民疾苦，通过小说这一艺术形式来反映社会现实、批判社会黑暗、表达人民愿望。

在主题思想的表现上，古典小说注重思想的深度和广度。作家们不仅关注个人命运和人性探索，还关注社会变革和历史发展。他们通过小说这一艺术形式来传达自己的政治观点、道德观念、文化理念等，使得小说成为一种具有深刻思想内涵和社会价值的艺术形式。同时，古典小说还注重寓教于乐、寓理于情的表现手法，使得读者在欣赏故事的同时也能得思想上的启迪和感悟。

三、古典戏曲的表演魅力

（一）精湛的唱念做打技艺

古典戏曲的表演魅力首先体现在其精湛的唱念做打技艺上。唱、念、做、打是戏曲表演的基本功，也是戏曲艺术的核心魅力所在。唱指唱腔，是戏曲表演中最为重要的一部分，其通过优美的旋律和富有感染力的声音，将观众带入戏曲的世界。念指念白，是戏曲中对话和独白的主要形式，通过抑扬顿挫、声情并茂的念白，演员能够生动地展现人物的性格和情感。做指做功，是戏曲表演中的身段、动作等，通过精准的做功，演员能够准确地表现人物的心理和情感变化。打指武打，是戏曲中展现人物武艺和战斗场面的部分，通过精彩的武打场面，戏曲能够带给观众视觉上的震撼和享受。

在古典戏曲中，演员们通过长期的训练和积累，掌握了精湛的唱念做打技艺。他们能够根据角色的特点和剧情的需要，灵活运用这些技艺，将人物形象生动地展现在观众面前。这种精湛的技艺不仅展现了戏曲演员的高超水平，也体现了戏曲艺术的独特魅力。

（二）生动的角色塑造与表演

古典戏曲的表演魅力还体现在其生动的角色塑造与表演上。在戏曲中，每个角色都有其独特的性格特点和情感变化，演员需要通过精湛的表演技艺来塑造这些角色。他们需要通过面部表情、肢体语言、声音语调等，来展现角色的性格和情感。同时，演员还需要深入理解角色的内心世界和剧情发展，将自己完全融入角色中，使得角色形象更加生动、真实。

在古典戏曲中，演员们通过精湛的表演技艺和深入的角色理解，成功地塑造了许多生动、鲜活的角色形象。这些角色不仅具有鲜明的个性特点和情感变化，还能够引起观众的共鸣和感动。演员们通过精湛的技艺和生动的表演，将戏曲中的人物形象生动地呈现在观众面前，使得观众能够更加深入地理解和感受戏曲艺术的魅力。

（三）丰富的舞台呈现与道具运用

古典戏曲的表演魅力还体现在其丰富的舞台呈现与道具运用上。戏曲舞台是一个充满艺术气息的空间，通过灯光、布景、服装、道具等多种元素的综合运用，营造出一种独特的舞台氛围。在古典戏曲中，舞台呈现和道具运用都是经过精心设计的，这样才能更好地展现剧情和角色形象。

灯光是戏曲舞台中不可或缺的元素之一，它不仅能够营造出不同的氛围和情绪，还能够突出演员的表演和角色的形象。布景则是戏曲舞台中的背景画面，它根据剧情的需要进行设计和制作，为观众呈现出一种独特的视觉体验。服装和道具则是戏曲中角色的重要装备，它们不仅展现了角色的身份和地位，还能够为观众带来更加真实、生动的视觉感受。

（四）深厚的文化底蕴与艺术价值

古典戏曲的表演魅力最终体现在其深厚的文化底蕴和艺术价值上。戏曲是中国传统文化的重要组成部分，它承载了丰富的历史、文化、哲学等方面的信息。在古典戏曲中，观众不仅能够欣赏到精湛的表演技艺和生动的角色形象，还能够感受到其中蕴含的深厚文化底蕴和艺术价值。

古典戏曲通过生动的表演和丰富的舞台呈现，向观众传递了传统文化的精髓和内涵，让观众在欣赏戏曲的过程中，不仅能够感受到艺术的魅力和感染力，还能够深入了解博大精深的中国传统文化。同时，古典戏曲还具有很高的艺术价值，它代表了中国戏曲艺术的最高成就和发展水平，为后人留下了宝贵的艺术财富。

四、古典文学对现代文学的影响

（一）文学主题的传承与拓展

古典文学对现代文学的影响首先体现在文学主题的传承与拓展上。古典文学作品中探讨的人性、爱情、生死、道德等主题，至今仍是现代文学的重要议题。这些主题不仅具有普遍性和永恒性，还能够激发现代作家对现实生活的深刻反思和感悟。

古典文学中的人性探索，如《红楼梦》中对人性复杂性的细腻描绘，为现代作家提供了丰富的灵感来源。现代作家在继承古典文学人性主题的基础上，结合现代社会的新变化和新问题，进行了更加深入和多元化的探索。例如，现代文学作品中对人性中的孤独、焦虑、异化等问题的探讨，既是对古典文学主题的继承，也是对现代社会现象的深刻反映。

（二）艺术手法的借鉴与创新

古典文学对现代文学的影响还体现在艺术手法的借鉴与创新上。古典文学中的诗词、散文、小说等文学形式，经过数千年的发展和积累，形成了独特的艺术风格和表现手法。现代作家在创作过程中，常常从古典文学中汲取营养，借鉴其艺术手法，同时结合现代社会的实际和个人的创作理念，进行艺术创新。

例如，在诗歌创作方面，现代诗人常常借鉴古典诗词的韵律美、意象美等艺术手法，同时融入现代元素和个性化表达，形成独特的诗歌风格。在小说创作方面，现代作家则常常借鉴古典小说的叙事技巧、人物塑造等方法，同时结合现代社会的复杂性和多元性，创作出具有深刻内涵和时代特色的小说作品。

（三）价值观的传递与再解读

古典文学对现代文学的影响还表现在价值观的传递与再解读上。古典文学作品中蕴含的儒家、道家、佛家等思想，以及对道德、伦理、人生等问题的思考，为现代作家提供了丰富的思想资源和价值参照。现代作家在创作过程中，不仅受到古典文学价值观的影响，还结合现代社会的实际和个人的价值观，对古典文学中的价值观进行再解读和重构。

例如，在现代文学作品中，作家们常常对古典文学中的道德伦理观念进行批判性思考，探讨其在现代社会中的适用性和局限性。同时，现代作家还结合现代社会的价值观和道德观念，对古典文学中的价值观进行新的解读和重构，使其更加符合现代社会的需求和时代精神。

（四）文化传统的继承与发扬

古典文学对现代文学的影响最终体现在文化传统的继承与发扬上。古典文学作为中国传统文化的重要组成部分，承载着丰富的历史和文化信息。现代作家在创作过程中，不仅受到古典文学的影响和启发，还积极传承和发扬中国传统文化中的优秀元素和精神内核。

例如，在现代文学作品中，作家们常常通过对古典文学作品的引用、改编、重构等方式，传承和发扬中国传统文化中的经典元素和优秀传统。同时，现代作家还结合现代社会的实际和个人的创作理念，对中国传统文化进行新的诠释和解读，使其更加符合现代社会的需求和时代精神。这种对文化传统的继承与发扬，不仅丰富了现代文学的内涵和表现力，也为中国传统文化的传承和发展做出了积极贡献。

第二节 传统艺术的多样性

一、书法艺术的独特魅力

（一）书法艺术的形式美

书法艺术的形式美是其独特魅力的重要体现。首先，书法以汉字为载体，通过点、线、面的组合，构成了千变万化的形态美。每一个汉字都是一个独立的艺术符号，其结构、笔画、布局都蕴含着独特的审美价值。书法家们通过精湛的技艺，将汉字书写得或雄浑大气，或清秀婉约，或灵动飘逸，展现出不同的艺术风格。其次，书法的形式美还体现在其笔墨的运用上。书法家们运用不同的笔法、墨色和纸张，创造出丰富的艺术效果。如用浓墨重彩表现豪放之气，用淡墨轻描抒发淡雅之情，用生宣纸表现墨色的渗透和变化，用熟宣纸表现墨色的稳定和沉着。这些笔墨的运用，使得书法作品不仅具有形式上的美感，还富有浓厚的艺术气息。最后，书法的形式美还体现在其章法布局上。书法家们注重整体布局的平衡与和谐，通过字与字、行与行之间的呼应和配合，营造出一种独特的艺术氛围。这种章法布局不仅使得书法作品在视觉上更加美观，还富有深刻的艺术内涵。

（二）书法艺术的情感表达

书法艺术不仅仅是形式美的展现，更是情感表达的重要载体。书法家们通过笔墨的运用，将自己的情感、思想和精神融入其中，使得书法作品具有深厚的情感内涵。

在书法创作中，书法家们常常将自己的喜怒哀乐、悲欢离合等情感融入其中，通过笔墨的挥洒和渲染，表现出强烈的情感色彩。这种情感表达不仅使得书法作品更加生动、感人，还富有深刻的人文关怀。

同时，书法艺术也是文化传承和精神寄托的重要形式。书法家们通过书写经典诗文、名言警句等，传承和弘扬了中华民族优秀的传统文化和道德观念。这种文化传承和精神寄托不仅使得书法作品具有更加深远的意义和价值，还使得书法艺术成为中华民族文化的重要组成部分。

（三）书法艺术的技巧与功力

书法艺术的独特魅力还体现在其技巧与功力上。书法是一门需要长期练习和积累的艺术形式，需要书法家们具备扎实的笔墨功底和深厚的艺术修养。

在书法创作中，书法家们需要掌握各种笔法、墨色和纸张的运用技巧，同时还需要具备丰富的艺术想象力和创造力。这种技巧与功力的锤炼不仅使得书法家们能够创作出更加优秀的书法作品，还使得书法艺术具有更加独特的艺术魅力。

同时，书法家们还需要不断学习和探索新的艺术表现手法和创作理念，以适应时代的发展和社会的变化。这种不断学习和探索的精神也使得书法艺术具有更加旺盛的生命力和创造力。

（四）书法艺术的社会影响与价值

书法艺术作为中华民族文化的重要组成部分，具有广泛的社会影响和价值。首先，书法艺术具有独特的审美价值和艺术价值，能够丰富人们的精神生活和文化生活。

其次，书法艺术具有重要的教育意义。通过学习和练习书法，可以培养人们的审美情趣、艺术修养和道德情操，提高人们的综合素质和文化素养。

最后，书法艺术还具有重要的文化交流价值。作为中华民族文化的瑰宝之一，书法艺术在国际文化交流中具有重要的地位和作用。通过书法艺术的展示和交流，可以促进不同文化之间的相互了解和融合，增进各国人民之间的友谊和合作。

综上所述，书法艺术的独特魅力体现在其形式美、情感表达、技巧与功力以及社会影响与价值等多个方面。这些独特的魅力使得书法艺术成为中华民族文化的重要组成部分，也为世界文化的多样性和丰富性做出了重要贡献。

二、绘画艺术的风格演变

（一）早期绘画的萌芽与形成

中国传统绘画艺术的风格演变可以追溯到远古时期，那时的人们通过简单的线条和色彩在岩壁、陶器等载体上描绘出狩猎、祭祀等生活场景。这些早期绘画作品虽然技法简单，但已经展现出绘画艺术的初步形态和审美追求。随着社会的发展，绘画艺术逐渐从简单的描绘走向更为精细和复杂的创作，形成了具有地域特色和民族风格的绘画流派。

在先秦时期，绘画艺术得到了进一步的发展。甲骨文、青铜器上的图案和壁画等作品，不仅记录了当时社会的生活场景，还体现了先民们的审美观念和艺术追求。这些作品线条流畅、构图简洁，具有鲜明的装饰性和象征性。

（二）魏晋南北朝时期的文人画兴起

魏晋南北朝时期是中国绘画艺术史上的重要阶段，这一时期文人画开始兴起并逐渐占据主导地位。文人画家们将绘画视为抒发情感、表达思想的重要手段，注重笔墨气韵和意境的营造。他们通过描绘自然景物、人物肖像等题材，表达了对自然美、人性美的追求和向往。这一时期的绘画作品，如顾恺之的《洛神赋图》等，都展现出了高超的艺术水平和独特的艺术风格。

（三）唐宋时期的绘画繁荣与变革

唐宋时期是中国绘画艺术史上的鼎盛时期，绘画作品数量众多、风格多样。这一时期的绘画艺术在继承前代传统的基础上，不断创新和发展，形成了具有鲜明时代特色的绘画风格。

唐代绘画注重表现现实生活和自然景物，追求画面的气势和力量。山水画在这一时期得到了极大的发展，形成了"青绿山水"和"金碧山水"两大流派。同时，人物画、花鸟画等题材也得到了充分的表现和发展。宋代绘画则更加注重意境和气韵的营造，追求画面的细腻和精致。宋代花鸟画以写生为主，追求形似与神似的统一；山水画则更加注重笔墨的运用和意境的营造，形成了"文人画"的独特风格。

（四）元明清时期的绘画创新与传承

元明清时期是中国绘画艺术史上的又一重要阶段，这一时期绘画艺术在继承传统的基础上不断创新和发展，形成了具有鲜明时代特色的绘画风格。

元代绘画以文人画为主流，注重笔墨气韵和意境的营造。同时，元代画家还吸收了外来艺术元素，如"墨戏"等技法，形成了独特的艺术风格。明代绘画则更加注重写实主义和细节的描绘，人物画、山水画等题材都展现出高超的艺术水平。清代绘画则更加注重表现情感和意境，追求笔墨的精致和画面的和谐。同时，清代画家还吸收了西方绘画技法，如光影处理等，为中国传统绘画注入了新的活力。

总的来说，中国传统绘画艺术的风格演变是一个历史的过程，每一个阶段都有其独特的艺术风格和审美追求。从早期绘画的萌芽与形成，到魏晋南北朝时期的文人画兴起，再到唐宋时期的绘画繁荣与变革，以及元明清时期的绘画创新与传承，中国传统绘画艺术不断发展和创新，形成了丰富多彩、独具特色的艺术世界。

三、音乐舞蹈的艺术表达

（一）音乐舞蹈的历史溯源与发展

中国音乐舞蹈艺术源远流长，其历史可追溯到远古时期。在原始社会，音乐舞蹈是人们表达情感、庆祝丰收、祭祀祖先的重要手段。随着社会的发展，音乐舞蹈逐渐从简单的动作和声音中发展出复杂的技巧和形式，成为具有审美价值和文化内涵的艺术形式。

在古代，音乐舞蹈不仅是宫廷文化的重要组成部分，也是民间文化的重要表现形式。从夏商周的宫廷乐舞，到春秋战国时期的民间歌舞，再到汉唐盛世的乐舞繁荣，音乐舞蹈艺术在中国历史上留下了浓墨重彩的一笔。这一时期的音乐舞蹈艺术，不仅体现了当时的审美观念和文化特点，也为后世音乐舞蹈艺术的发展奠定了基础。

（二）音乐舞蹈的艺术特色与风格

中国音乐舞蹈艺术具有独特的艺术特色和风格。在音乐方面，中国音乐注重旋律的优美和节奏的和谐，强调音乐的情感表达和意境营造。同时，中国音乐还注重乐器的运用和演奏技巧的传承，如古琴、琵琶、二胡等乐器，都具有独特的音色和演奏风格。

在舞蹈方面，中国舞蹈以身体为媒介，通过丰富的肢体语言和面部表情，表达情感和思想。中国舞蹈注重形神兼备、气韵生动，追求舞蹈的韵律美和动态美。同时，中国舞蹈还注重舞蹈与音乐的结合，通过音乐的节奏和旋律来引导舞蹈的动作和节奏。

（三）音乐舞蹈的文化内涵与象征意义

中国音乐舞蹈艺术不仅具有独特的艺术特色和风格，还蕴含着丰富的文化内涵和象征意义。音乐舞蹈作品往往承载着一定的历史、文化和社会背景，通过艺术的形式来传达人们对生活、自然和社会的认识和思考。

例如，在古代宫廷乐舞中，乐舞作品往往反映了当时社会的政治、经济和文化状况，体现了统治者对国家的治理和人民的期望。在民间歌舞中，乐舞作品则更多地反映了人民的生活和情感，如爱情、友谊、丰收等主题，表达了人们对美好生活的向往和追求。

此外，中国音乐舞蹈艺术还蕴含着丰富的象征意义。例如，在舞蹈中，不同的动作和姿态往往代表着不同的情感和意境，如"龙飞凤舞"象征着吉祥和美好，"翩翩起舞"则表达了轻盈和欢快。在音乐中，不同的乐器和旋律往往代表着不同的情感和意境。例如，古琴的音色深沉而悠扬，代表着高雅和深邃；琵琶的音色明亮而欢快，则代表着热烈和活泼。

（四）音乐舞蹈在现代社会的传承与发展

随着现代社会的发展，中国音乐舞蹈艺术面临着新的机遇和挑战。一方面，随着全球化的进程加速，西方音乐舞蹈文化对中国音乐舞蹈艺术产生了深刻的影响，为中国音乐舞蹈艺术的发展提供了新的思路和元素；另一方面，随着人们生活水平的提高和文化需求的增加，中国音乐舞蹈艺术也需要不断创新和发展，以满足人们日益增长的文化需求。

为了传承和发展中国音乐舞蹈艺术，我们需要加强对其历史和文化背景的研究和挖掘，深入了解其艺术特色和风格，并在此基础上进行创新和发展。同时，我们还需要加强音乐舞蹈教育和普及工作，提高人们的音乐舞蹈素养和审美能力，为音乐舞蹈艺术的发展提供坚实的人才保障。此外，我们还需要加强国际交流与合作，学习和借鉴其他国家和地区的音乐舞蹈艺术经验，为中国音乐舞蹈艺术的发展注入新的活力和动力。

四、传统手工艺的传承与创新

（一）传统手工艺的历史积淀与文化价值

中国传统手工艺源远流长，承载着丰富的历史积淀和文化价值。从远古时期的石器制作，到商周的青铜器铸造，再到唐宋的陶瓷、丝绸等手工艺品的繁荣，这些传统手工艺不仅是中国古代文明的瑰宝，更是中华民族文化的独特标志。它们不仅是生活用品和艺术品的制造过程，更是民族历史、文化、艺术、科技等多方面信息的载体。

传统手工艺中蕴含着古人的智慧和创意，代表了中华民族对于生活、自然、宇宙的理解和尊重。每一种手工艺都承载着特定的文化内涵和象征意义，如剪纸艺术的吉祥寓意、刺绣艺术的精致细腻、陶瓷艺术的温润如玉等，都是中华民族文化的重要组成部分。

（二）传统手工艺的传承方式与挑战

传统手工艺的传承方式多种多样，包括师徒传承、家族传承、学校教育等。师徒传承是手工艺传承的主要方式之一，即师父通过亲身示范和口传心授，将技艺和经验传授给徒弟。然而，随着现代社会的快速发展，许多传统手工艺面临着传承断代的危机。一方面，现代生活方式和就业选择的变化使得年轻人对传统手工艺的兴趣逐渐减弱；另一方面，传统手工艺的学习和传承需要长时间的积累和实践，这使得传承变得更加困难。

为了应对这些挑战，我们需要采取多种措施来保护和传承传统手工艺。首先，加强对手工艺人的培养和扶持，提高他们的社会地位和经济待遇；其次，通过学校教育、社区活动等方式普及手工艺知识，提高公众对传统手工艺的认识和兴趣；最后，利用现代科技手段，如数字化记录、网络传播等，来扩大手工艺的传播范围和影响力。

（三）传统手工艺的创新发展

传统手工艺在传承的基础上，需要不断创新和发展。创新是手工艺发展的动力源泉，也是适应现代社会需求的重要途径。在创新过程中，我们需要注重以下几个方面：

一是技艺创新：通过引入新技术、新材料、新工艺等，对传统手工艺进行改造和提升，使其更加符合现代审美和实用需求。例如，在陶瓷制作中引入 3D 打印技术，可以制作出更加精美、复杂的作品；在刺绣中融入现代设计元素，可以创作出更具时尚感和市场竞争力的产品。

二是题材创新：传统手工艺在题材上也可以进行创新。除了传统的吉祥寓意、神话故事等题材外，我们还可以尝试将现代生活、自然环境等元素融入作品中，使其更具时代感和生活气息。

三是形式创新：在形式上，传统手工艺也可以进行多样化探索。例如，将传统手工艺与现代设计、时尚元素相结合，创作出具有跨界融合特色的作品；或者将传统手工艺与现代科技相结合，开发出具有互动性和趣味性的产品。

（四）传统手工艺在现代社会的意义与价值

传统手工艺在现代社会仍然具有重要的意义和价值。首先，传统手工艺是中华民族文化的重要组成部分，保护和传承传统手工艺有助于弘扬民族文化、增强民族自信心和凝聚力。其次，传统手工艺具有独特的艺术魅力和审美价值，可以为人们提供丰富的精神文化享受。最后，传统手工艺也是推动地方经济发展、促进就业的重要手段之一。通过挖掘和利用传统手工艺资源，可以培育地方特色文化产业，提高地区经济发展水平。

因此，我们应该高度重视传统手工艺的传承与创新工作，采取多种措施来保护和传承这些宝贵的文化遗产。同时，我们也应该积极探索传统手工艺与现代社会的结合点，推动其在现代社会中的创新发展和广泛应用。

第三节　文学艺术在现代社会的创新表达

一、现代文学的创新手法与主题

（一）融合传统文化元素，探索文学创新之路

现代文学在探索创新之路时，并未摒弃传统文化的深厚底蕴，反而通过融合传统文化元素，为文学作品注入了新的生命力。这一创新手法不仅体现在作品的主题选择、情节构造上，更在语言表达、艺术风格等方面有着深刻的体现。

在主题选择上，现代作家们深入挖掘传统文化的内涵，将传统故事、神话传说、历史人物等与现代生活相结合，创作出具有时代感和历史厚重感的作品。例如，贾平凹的《秦腔》以秦腔这一传统艺术形式为线索，展现了陕西农村的生活变迁和人物命运，既体现了传统文化的魅力，又反映了现代社会的矛盾与冲突。

在情节构造上，现代作家们运用传统文学的叙事手法，如章回体、起承转合等，将现代生活的复杂性和多样性融入故事情节中，使作品更具吸引力和感染力。同时，他们还借鉴传统文学中的象征、隐喻等修辞手法，通过具体的物象来传达抽象的思想和情感，使作品更具深度和内涵。

（二）运用现代叙事技巧，展现传统文化魅力

现代文学在创新手法上，不仅融合了传统文化元素，还运用了许多现代叙事技巧，如多视角叙事、非线性叙事、意识流等，来展现传统文化的魅力。

多视角叙事是现代文学中常见的一种叙事方式，通过不同人物的视角来展现同一个事件或故事，使作品更具立体感和层次感。在展现传统文化时，多视角叙事可以让读者从多个角度了解传统文化的内涵和价值，从而更加深入地理解和欣赏传统文化。

非线性叙事则打破了传统的时间顺序和空间限制，通过跳跃、倒叙、插叙等手法来展现故事情节。在展现传统文化时，非线性叙事可以更加灵活地展现传统文化的历史渊源和演变过程，使作品更具历史感和纵深感。

意识流则是一种更加注重人物内心活动的叙事方式，通过直接展示人物的内心想法、情感和记忆来推动故事情节的发展。在展现传统文化时，意识流可以更加深入地挖掘人物对传统文化的理解和感悟，从而更加真实地展现传统文化的魅力。

（三）借助新媒体手段，推广传统文化文学

在现代社会，新媒体已经成为人们获取信息、传播文化的重要途径。现代文学在创新手法上，也积极借助新媒体手段来推广传统文化文学。

一方面，现代作家们通过开设博客、微信公众号等自媒体平台，将自己的作品和创作理念分享给更广泛的读者群体。他们不仅分享自己的文学作品，还分享关于传统文化的知识和感悟，使读者在欣赏作品的同时，也能深入了解传统文化的内涵和价值。

另一方面，现代文学还通过影视、动画等新媒体形式来呈现传统文化文学。例如，一些根据古典名著改编的电视剧、电影等作品，通过生动的画面

和音效来展现传统文化的魅力，使观众在欣赏作品的同时，也能感受到传统文化的独特韵味。

（四）深化主题探讨，反映社会现实与人性

现代文学在创新手法的同时，也深化了对主题的探讨，通过文学作品来反映社会现实和人性。在传承传统文化的基础上，现代作家们更加注重挖掘人性的深层次内涵，探讨现代社会中的种种问题。

例如，一些现代作家通过描绘传统文化在现代社会中的变迁和冲突，来反映现代社会中的价值观冲突和文化冲突。他们通过文学作品来呈现传统文化的魅力和价值，同时也揭示出现代社会中的种种问题，引发读者对于传统文化和现代社会的思考和反思。

此外，现代作家还通过描绘人物的内心世界和命运轨迹，来探讨人性的深层次内涵。他们通过文学作品来展现人性的复杂性和多样性，揭示出人性中的善良与邪恶、勇敢与懦弱等多重面貌，使读者在欣赏作品的同时，也能更加深入地了解人性的本质。

二、当代艺术的跨界融合与创新

（一）传统文化元素在当代艺术中的融合与再生

当代艺术在追求创新与突破的过程中，不断从中国传统文化中汲取养分，将传统文化元素与现代艺术手法相结合，创造出具有独特魅力的艺术作品。这种融合不仅体现在艺术作品的视觉呈现上，更在深层意义上传递了中国传统文化的精髓。

其一，传统文化元素在当代艺术中的融合体现在艺术形式的多样性上。无论是绘画、雕塑、摄影还是装置艺术，艺术家们都将传统文化符号和图案融入自己的作品中。例如，在绘画领域，一些艺术家运用传统的水墨画技法，结合现代构图和色彩，创作出既具传统韵味又不失现代感的画作。在雕塑领域，艺术家们则通过传统雕塑的题材和造型，结合现代材料和工艺，创造出

既有历史厚重感又具现代审美价值的雕塑作品。

其二，传统文化元素在当代艺术中的融合还体现在艺术内容的深层内涵上。艺术家们通过深入研究中国传统文化，将其中的哲学思想、价值观念、审美观念等融入自己的作品中，使作品具有更深刻的文化内涵。例如，一些艺术家在作品中探讨了中国传统文化中的"天人合一"思想，通过艺术手法将这种思想转化为视觉形象，引发观众对于人与自然、人与社会之间关系的思考。

（二）跨界合作推动当代艺术的创新与发展

当代艺术的创新与发展离不开跨界合作的推动。通过将不同领域的知识、技术和资源进行整合，艺术家们能够打破传统界限，创造出更具创新性和影响力的艺术作品。

一方面，跨界合作可以拓展艺术家的创作思路和表现手法。艺术家们可以借鉴其他领域的经验和技术，将其运用到自己的艺术创作中，从而创造出独特的艺术效果。例如，一些艺术家与科学家合作，运用先进的科技手段进行艺术创作，如虚拟现实、增强现实等，为观众带来全新的艺术体验。

另一方面，跨界合作可以促进不同文化之间的交流与融合。通过与其他国家和地区的艺术家合作，艺术家们可以学习不同的艺术风格和创作理念，将其与中国传统文化相结合，创造出具有世界影响力的艺术作品。这种跨文化的交流与融合不仅有助于推动中国文化的国际化传播，也有助于增进不同文化之间的理解和尊重。

（三）传统工艺与当代艺术的结合

传统工艺作为中国传统文化的重要组成部分，具有丰富的艺术价值和历史价值。当代艺术家们通过将传统工艺与当代艺术相结合，可以创造出既具传统韵味又不失现代感的艺术作品。

其一，传统工艺可以为当代艺术提供丰富的创作素材和灵感来源。艺术家们可以从传统工艺中汲取灵感，将其中的图案、色彩、造型等元素运用到自己的作品中，使作品具有更丰富的文化内涵和艺术表现力。

其二，传统工艺与当代艺术的结合还可以推动传统工艺的传承与发展。通过艺术家的创作和推广，传统工艺可以得到更多人的关注和认可，从而激发更多人对传统工艺的兴趣和热爱。同时，艺术家们还可以将现代审美观念和技术手段引入传统工艺中，使其焕发新的生机和活力。

（四）当代艺术在全球化背景下的创新与发展

在全球化的背景下，当代艺术面临着更加广阔的舞台和更加激烈的竞争。为了在全球化的舞台上脱颖而出，当代艺术家们需要不断创新和发展自己的艺术理念和创作手法。

首先，艺术家们需要关注全球化的趋势和潮流，了解不同国家和地区的文化特点和艺术风格。通过借鉴和吸收其他国家和地区的艺术经验和技术手段，艺术家们可以丰富自己的创作思路和表现手法，使自己的作品更具国际化和时代感。

其次，艺术家们还需要注重跨文化的交流和合作。通过与其他国家和地区的艺术家合作和交流，艺术家们可以拓展自己的艺术视野和创作空间，同时也可以增进不同文化之间的理解和尊重。这种跨文化的交流和合作有助于推动中国文化的国际化传播和发展。

最后，艺术家们还需要注重社会责任和人文关怀。在全球化的背景下，人类面临着许多共同的问题和挑战，如环境保护、社会公正等。艺术家们可以通过自己的作品来表达对这些问题的关注和思考，引发社会的关注和反思。这种具有社会责任和人文关怀的艺术作品不仅具有更高的艺术价值和社会价值，也有助于推动人类社会的进步和发展。

三、数字艺术与传统艺术的结合

（一）数字技术对传统艺术形式的重塑与传承

随着数字技术的飞速发展，传统艺术形式正经历着前所未有的变革。数字艺术以其独特的创意手法和呈现方式，为传统艺术注入了新的活力，使其焕发出新的光彩。

其一，数字技术对传统艺术形式的重塑体现在对艺术作品的再创作上。通过数字技术的处理，艺术家们可以对传统艺术作品进行数字化修复、复制和再创作。例如，利用数字扫描技术，可以将古代书画作品以高清晰度的数字形式保存下来，并通过虚拟现实技术重现其原始场景，让观众仿佛置身于艺术作品的创作现场。此外，数字艺术还可以将传统艺术元素与现代设计相结合，创作出具有独特魅力的新作品，如将传统剪纸艺术与数字动画相结合，创作出富有动感和节奏感的动画作品。

其二，数字技术对传统艺术形式的传承具有重要意义。传统艺术作为文化遗产的重要组成部分，需要得到保护和传承。数字技术可以为传统艺术的传承提供有力的支持。通过数字化保存和展示，可以确保传统艺术作品得以长期保存和传承。同时，数字艺术还可以利用互联网等新媒体平台，将传统艺术作品传播到更广泛的受众群体中，提高公众对传统艺术的认识和了解。

（二）数字艺术在传统文化表现中的创新应用

数字艺术在传统文化表现中的创新应用，为传统文化的传承和发展提供了新的可能性。通过数字技术的运用，艺术家们可以更加生动地展现传统文化的魅力和内涵。

其一，数字艺术可以通过虚拟现实、增强现实等技术手段，将传统文化场景以三维立体形式呈现出来。观众可以通过佩戴 VR 眼镜等设备，身临其境地感受传统文化的魅力。例如，在博物馆中利用 VR 技术重现古代宫廷场景或传统民俗活动场景，让观众仿佛穿越时空回到过去。

其二，数字艺术还可以利用数字化交互技术，为观众提供更加丰富的互动体验。观众可以通过触摸屏幕、语音控制等方式与艺术作品进行互动，了解作品的创作背景和内涵。这种互动体验不仅增强了观众的参与感和沉浸感，也提高了观众对传统文化的兴趣和热情。

（三）传统艺术元素在数字艺术中的融合与创新

在数字艺术中融入传统艺术元素，可以使作品具有更丰富的文化内涵和艺术表现力。艺术家们可以通过对传统艺术元素的挖掘和提炼，将其与现代设计理念和数字技术相结合，创作出具有独特魅力的数字艺术作品。

其一，传统艺术元素在数字艺术中的融合可以体现在作品的视觉呈现上。艺术家们可以将传统艺术中的图案、色彩、造型等元素运用到数字艺术作品中，使其具有独特的视觉效果和审美价值。例如，在数字绘画中融入传统水墨画的笔墨技法和意境表现，创作出具有中国传统美学特色的数字画作。

其二，传统艺术元素在数字艺术中的融合还可以体现在作品的主题和内涵上。艺术家们可以通过对传统艺术主题的挖掘和再创作，结合现代社会的现实问题和价值观念，创作出具有深刻思想内涵的数字艺术作品。这种融合不仅有助于传承和发展传统文化，也有助于推动数字艺术的创新和发展。

（四）数字艺术与传统艺术结合的社会意义与价值

数字艺术与传统艺术的结合不仅具有艺术上的创新意义，还具有深远的社会意义和价值。

首先，这种结合有助于推动传统文化的传承和发展。通过数字技术的运用，可以使传统文化得到更好的保存和传播，提高公众对传统文化的认识和了解。同时，数字艺术还可以为传统文化的创新和发展提供新的思路和方法，推动传统文化与现代社会的融合与发展。

其次，数字艺术与传统艺术的结合还有助于推动文化多样性的发展和交流。在全球化的背景下，不同文化之间的交流和融合已成为必然趋势。数字艺术作为一种新兴的艺术形式，可以为不同文化之间的交流和融合提供新的平台和途径。通过数字艺术的展示和交流，可以促进不同文化之间的了解和尊重，推动文化多样性的发展和繁荣。

最后，数字艺术与传统艺术的结合还有助于推动艺术教育和普及。数字艺术具有直观、生动、易于传播等特点，可以吸引更多年轻人关注和参与艺术创作和欣赏。通过数字艺术的展示和教育活动，可以培养更多具有创新精神和审美素养的艺术人才，推动艺术教育和普及事业的发展。

四、新媒体在文学艺术传播中的作用

(一) 新媒体拓宽了文学艺术的传播渠道

新媒体的崛起为文学艺术的传播带来了革命性的变化，极大地拓宽了文学艺术的传播渠道。传统媒体如报纸、杂志、电视等，传播范围和速度受到一定的限制，而新媒体则以其即时性、互动性和全球性的特点，打破了这一限制。

首先，新媒体的即时性使得文学艺术作品能够迅速传播到世界各地。无论是小说、散文、诗歌还是戏剧，只要通过新媒体平台发布，就能立即被全球范围内的读者所接触。这种即时性不仅提高了文学艺术的传播效率，也增强了其影响力。

其次，新媒体的互动性为读者提供了参与文学艺术创作和传播的机会。在新媒体平台上，读者可以通过点赞、评论、分享等方式与作者和其他读者进行互动，表达自己的观点和感受。这种互动性不仅增强了读者的参与感，也促进了文学艺术的交流和传播。

最后，新媒体的全球性使得文学艺术能够跨越国界和文化的限制，实现全球化的传播。通过新媒体平台，不同国家和地区的读者可以共同分享和欣赏同一部文学艺术作品，促进了文化多样性和跨文化交流的发展。

(二) 新媒体丰富了文学艺术的传播形式

新媒体的出现为文学艺术的传播提供了更多样化的形式。除了传统的文字形式外，新媒体还可以将文学艺术以音频、视频、图像等形式进行传播。

音频形式的文学艺术作品，如有声小说、诗歌朗诵等，通过声音的表现力，使读者能够更深入地感受作品的情感和意境。视频形式的文学艺术作品，如电影、电视剧、动画等，则通过画面和音效的呈现，为读者提供了更加直观和生动的阅读体验。图像形式的文学艺术作品，如插画、漫画等，则以其独特的视觉效果吸引了更多年轻读者的关注。

这些多样化的传播形式不仅丰富了文学艺术的表现手法，也提高了其吸引力和影响力，使得更多人愿意接触和欣赏文学艺术。

（三）新媒体促进了文学艺术的创新与发展

新媒体的发展推动了文学艺术的创新与发展。在新媒体时代，文学艺术不再局限于传统的创作和表达方式，而是更多地融入了新媒体元素和技术手段。一方面，新媒体为文学艺术提供了更多的创作素材和灵感来源。艺术家们可以从新媒体平台上获取各种信息和资源，将其融入自己的创作中，形成独特的艺术风格和表现手法。另一方面，新媒体也为文学艺术提供了更多的展示和传播平台。艺术家们可以通过新媒体平台发布自己的作品，与读者进行互动和交流，获得更多的反馈和建议，从而不断完善自己的创作。

此外，新媒体还促进了文学艺术与其他艺术形式的跨界融合。例如，数字艺术、虚拟现实等新媒体技术为文学艺术提供了新的表现手段和呈现方式，使得文学艺术与其他艺术形式之间的界限变得更加模糊。

（四）新媒体在传承和弘扬中国传统文化中的作用

新媒体在传承和弘扬中国传统文化方面发挥着重要作用。中国传统文化源远流长、博大精深，是中华民族的精神财富和文化瑰宝。然而，在现代社会中，由于生活方式和价值观的变化，一些年轻人对传统文化的认识和了解逐渐减少。

新媒体作为一种新兴的传播媒介，具有广泛的受众基础和强大的传播能力。通过新媒体平台，可以将中国传统文化以更加生动、有趣的形式进行展示和传播，吸引更多年轻人关注和了解传统文化。例如，通过制作以以传统为文化主题的短视频、动画、游戏等新媒体产品，可以将传统文化元素与现代审美相结合，使传统文化更加贴近现代生活和社会需求。

此外，新媒体还可以为传统文化的传承和发展提供新的思路和方法。通过新媒体平台，可以开展在线文化教育、虚拟现实体验等活动，让更多的人亲身感受传统文化的魅力和内涵。同时，新媒体也可以为传统文化的创新和发展提供支持和帮助，推动传统文化与现代社会的融合与发展。

第四节　文学艺术与新媒体的融合

一、影视改编与文学作品的传播

（一）影视改编成为文学作品传播的新途径

在数字化时代，影视改编成为文学作品传播的新途径，特别是对于中国传统文化中的经典文学作品而言。通过影视改编，古典文学作品能够以更加直观、生动的形式展现在观众面前，打破了文字阅读的局限，使得更多人能够接触并理解传统文化。影视改编利用图像、声音、光影等多种元素，将文学作品中的场景、情感、人物形象等具象化，为观众带来更为丰富的感官体验。

影视改编的成功案例不胜枚举，如《红楼梦》《西游记》《水浒传》等古典名著的影视改编作品，不仅在国内广受欢迎，还成功输出到海外，为中国传统文化的传播做出了重要贡献。这些改编作品在忠实于原著的基础上，进行了适当的艺术加工和创新，使得作品更加符合现代观众的审美需求，同时也为传统文化的传承和发展注入了新的活力。

（二）影视改编对文学作品传播的促进作用

影视改编对文学作品传播的促进作用主要体现在以下几个方面。首先，影视改编能够扩大文学作品的受众范围。相较于文字阅读，影视作品的受众更为广泛，无论是何年龄、性别或文化背景，都能够找到适合自己的影视作品。通过影视改编，一些原本较为晦涩难懂的文学作品得以被更多的人了解和接受。

其次，影视改编能够提升文学作品的知名度和影响力。影视作品具有强大的传播力和影响力，一部成功的影视作品往往能够带动原著的销售和阅读热潮。通过影视改编，文学作品能够迅速传播到更广泛的受众中，提高作品的知名度和影响力。

最后，影视改编能够促进文学作品的创新和发展。在影视改编的过程中，编剧和导演等创作者会对原著进行深入的解读和挖掘，从而发现新的创作灵感和表现手法。这种创新和发展不仅丰富了文学作品的内涵和表现形式，也为传统文化的传承和发展提供了新的思路和方向。

（三）影视改编对传统文化的传承与弘扬

影视改编作为传统文化传承与弘扬的重要方式之一，具有独特的优势和作用。首先，影视改编能够生动展现传统文化的魅力和价值。通过影视作品的具象化表现，观众能够更加直观地感受到传统文化的独特魅力和深刻内涵，从而增强对传统文化的认同感和自豪感。

其次，影视改编能够推动传统文化的创新和发展。在影视改编的过程中，创作者会结合现代审美和表现手法对传统文化进行创新和发展，使得传统文化更加符合现代社会的需求和审美标准。这种创新和发展不仅丰富了传统文化的内涵和表现形式，也为传统文化的传承和发展注入了新的活力和动力。

最后，影视改编能够拓展传统文化的传播渠道和受众范围。通过影视作品的传播，传统文化能够迅速传播到更广泛的受众中，特别是年轻人群体中。这种传播方式不仅提高了传统文化的知名度和影响力，也提高了年轻人对传统文化的兴趣和热爱。

（四）影视改编中的文化自觉与文化自信

在影视改编的过程中，文化自觉和文化自信是不可或缺的。文化自觉是指创作者在改编过程中能够深入理解和挖掘传统文化的内涵和价值，从而将其恰当地融入作品中。文化自信则是指创作者对传统文化的自信和对自身创作能力的自信，能够勇敢地尝试新的创作手法和表现形式。

在影视改编中，创作者应该具备文化自觉和文化自信，以传承和弘扬传统文化为己任，创作出具有时代感和现代气息的优秀作品。同时，观众也应该具备文化自觉和文化自信，积极欣赏和评价影视作品中的传统文化元素，为传统文化的传承和发展贡献自己的力量。

二、社交媒体与文学艺术的互动

（一）社交媒体为文学艺术提供广阔平台

社交媒体作为信息传播和交流的重要平台，为文学艺术尤其是中国传统文化的传播和互动提供了新的途径。通过微博、微信、抖音等社交媒体平台，文学作品、艺术作品能够迅速触及更广泛的受众，尤其是年轻人群体。这些平台不仅为作家、艺术家提供了展示才华的舞台，也为读者、观众提供了欣赏和交流的场所。

在社交媒体上，文学艺术作品的传播不再受地域、时间的限制，人们可以随时随地通过移动设备访问和分享这些作品。同时，社交媒体还提供了多样化的互动方式，如点赞、评论、转发等，使得读者、观众能够更直接地参与到文学艺术的创作和欣赏过程中来。

（二）社交媒体促进文学艺术的创新与发展

社交媒体的互动性和即时性特点，使得文学艺术作品的创作和欣赏过程更加灵活和多样。作家、艺术家可以通过社交媒体平台获取灵感、分享创作心得，与读者、观众进行实时互动，了解他们的反馈和需求，从而调整自己的创作方向和内容。这种互动机制不仅促进了文学艺术作品的创新和发展，也提高了作品的质量和影响力。

同时，社交媒体还推动了文学艺术形式的创新。例如，一些作家利用社交媒体平台创作并发布"微小说""短诗"等新型文学形式，这些作品短小精悍、易于传播，深受读者喜爱。此外，一些艺术家还将传统文化元素与现代科技手段相结合，创作出具有时代感和创新性的艺术作品，如数字绘画、虚拟现实艺术等。

（三）社交媒体加强传统文化的传播与普及

在社交媒体时代，传统文化的传播和普及面临着新的机遇和挑战。通过社交媒体平台，传统文化可以以更加生动、直观的形式进行展示和传播，吸引更多年轻人的关注和了解。例如，一些社交媒体平台推出了"传统文化"专栏或频道，邀请专家学者、文化名人等解读和分享传统文化知识，这些内容不仅具有知识性、趣味性，还具有很强的互动性，深受用户喜爱。

同时，社交媒体还促进了传统文化与现代生活的融合。人们可以通过社交媒体平台分享自己的传统文化体验、心得和创意作品，推动传统文化在现代生活中的普及和应用。例如，一些年轻人在社交媒体上分享自己学习书法、绘画、茶艺等传统文化的经历和成果。这些分享不仅激发了更多人对传统文化的兴趣，也促进了传统文化的传承和发展。

（四）社交媒体中的文化自觉与文化自信

在社交媒体与文学艺术的互动中，文化自觉和文化自信是不可或缺的重要因素。文化自觉是指人们对自己所属文化的认同和尊重，能够自觉地传承和弘扬传统文化。在社交媒体上，人们可以通过分享、讨论和创作等方式，表达自己的文化认同和自豪感，增强对传统文化的认同感和归属感。

文化自信则是指人们对自己所属文化的信心，能够自信地展示和传播传统文化。在社交媒体上，人们可以通过创作和分享具有传统文化元素的文学艺术作品，展示自己的文化自信和创造力。同时，社交媒体也为人们提供了了解和学习其他文化的机会，促进了不同文化之间的交流和融合。

综上所述，社交媒体与文学艺术的互动为中国传统文化的传播和普及提供了新的机遇和挑战。我们应该充分利用社交媒体平台的特点和优势，加强传统文化的传播和普及工作，提高人们的文化自觉和文化自信，推动中国传统文化的传承和发展。

三、新媒体时代文学艺术的审美变化

（一）新媒体时代审美观念的多元化

新媒体时代的到来，极大地推动了审美观念的多元化。在传统媒体时代，文学艺术的审美标准往往由少数精英阶层所主导，而在新媒体时代，每个人都有机会发声，表达自己的审美观点。这种多元化的审美观念使得文学艺术作品的评价标准不再单一，而是呈现出多样化的趋势。

在中国传统文化中，审美观念一直强调"和谐""自然"等核心概念。然而，在新媒体时代，这种传统的审美观念被赋予了新的内涵。人们开始追求更加个性化、差异化的审美体验，对文学艺术作品的审美标准也更加注重个人的情感共鸣和体验。这种变化使得文学艺术作品在形式、内容、风格等方面都呈现出更加多样化的特点。

（二）新媒体时代审美方式的互动化

新媒体时代的一个重要特征是互动性的增强。在文学艺术领域，这种互动性不仅体现在创作过程中，也体现在审美过程中。通过社交媒体、在线论坛等平台，读者、观众可以实时与作家、艺术家进行交流和互动，表达自己的看法和感受。

在中国传统文化中，审美方式往往是被动的、单向的。而在新媒体时代，读者、观众可以更加积极地参与到文学艺术作品的审美过程中来，通过评论、分享、转发等方式表达自己的审美观点和情感体验。这种互动化的审美方式不仅提高了读者、观众的参与感和满足感，也促进了文学艺术作品的传播和普及。

（三）新媒体时代审美体验的即时化

新媒体时代的另一个重要特征是即时性的增强。在文学艺术领域，这种即时性使得审美体验更加快速、直接。通过智能手机、平板电脑等移动设备，人们可以随时随地地访问和欣赏文学艺术作品，获得即时的审美体验。

在中国传统文化中，审美体验往往需要经过长时间的沉淀和积累。而在新媒体时代，人们可以更加快速地获取和体验文学艺术作品所带来的审美感受。这种即时化的审美体验不仅满足了人们对快节奏生活的需求，也促进了文学艺术作品的即时传播和反馈。

（四）新媒体时代审美价值的深度化

尽管新媒体时代带来了审美观念、方式和体验的变化，但审美价值的深度化仍然是文学艺术发展的重要趋势。在新媒体时代，人们不再仅仅满足于表面的、浅层次的审美体验，而是更加注重文学艺术作品所蕴含的思想、情感、文化等深层次的内涵。

在中国传统文化中，审美价值一直被视为文学艺术作品的重要属性之一。而在新媒体时代，人们开始更加注重通过文学艺术作品来探寻和挖掘深层次的文化内涵和价值观念。这种深度化的审美价值不仅提高了文学艺术作品的艺术性和思想性，也促进了人们对传统文化的深入了解和认识。

综上所述，新媒体时代文学艺术的审美变化表现在审美观念的多元化、审美方式的互动化、审美体验的即时化和审美价值的深度化等方面。这些变化不仅推动了文学艺术作品的创新和发展，也促进了传统文化的传承和弘扬。在未来，我们应该更加关注新媒体时代文学艺术的审美变化，积极探索新的创作和表达方式，为文学艺术的繁荣发展贡献力量。

第五节　文学艺术对现代审美的影响

一、现代审美观念的演变与文学艺术

（一）全球化背景下的审美观念演变

在全球化的背景下，世界各地的文化相互碰撞、融合，审美观念也随之发生了深刻的变化。中国传统文化作为东方文明的瑰宝，其审美观念在现代社会的演变过程中，既保留了传统的精髓，又吸收了外来的新鲜元素。

其一，全球化使得人们有机会接触到更多元化的文化和艺术形式，这种跨文化的交流促使审美观念不断拓宽和更新。中国传统文化的审美观念强调和谐、自然、内敛等核心价值，而在全球化背景下，人们开始更加注重个性、创新和自我表达。这种变化在文学艺术作品中得到了充分体现，如现代小说、诗歌、绘画等艺术形式开始尝试引入西方现代主义、后现代主义等风格，呈现出更加多元化和个性化的审美特点。

其二，全球化也促进了审美观念的包容性和开放性。人们开始认识到不同文化背景下的审美观念都有其独特的价值和魅力，应该相互尊重、包容和借鉴。这种包容性的审美观念使得中国传统文化的审美价值得到了更广泛的认可和传播，同时也为文学艺术作品的创作提供了更多的灵感和可能性。

（二）科技进步与审美观念的变革

科技的进步对审美观念的变革产生了深远的影响。新媒体、互联网、人工智能等技术的发展，不仅改变了人们的生活方式和交往方式，也改变了人们的审美观念和审美方式。

其一，新媒体技术的发展使得文学艺术作品能够更加快速、广泛地传播到世界各地。人们可以通过互联网随时随地地访问和欣赏文学艺术作品，这种即时性的审美体验使得审美观念更加开放和多元。同时，新媒体技术也为文学艺术作品的创作和展示提供了更多的可能性和手段，如网络文学、数字艺术等新型艺术形式逐渐兴起，为审美观念的变革注入了新的活力。

其二，人工智能技术的应用也为审美观念的变革提供了新的思路和方法。人工智能可以通过大数据分析、机器学习等技术手段，对文学艺术作品的风格、情感、主题等进行深度挖掘和分析，为创作和欣赏提供更加精准和个性化的指导。这种基于数据的审美观念变革，使得文学艺术作品的创作和欣赏更加科学化和智能化。

（三）社会变迁与审美观念的转变

社会变迁是审美观念转变的重要驱动力。随着社会的不断发展，人们的生活方式、价值观念、审美需求等方面都发生了深刻的变化，这也促使审美观念不断调整和转变。

其一，现代社会的快节奏生活使得人们更加注重效率和速度，这种变化在审美观念上表现为对简洁、明快、直接的审美追求。在文学艺术作品中，这种审美追求表现为对情节紧凑、语言简练、风格明快等特点的追求。

其二，现代社会的消费主义文化也对审美观念产生了深刻的影响。消费主义文化强调物质享受和感官刺激，这种审美观念在文学艺术作品中表现为对华丽、炫目、刺激等元素的追求。然而，随着社会的不断发展和人们审美水平的提高，越来越多的人开始反思和批判这种浅层次的审美追求，转而追求更加深刻、有内涵的审美体验。

（四）中国传统文化审美观念的现代转化

中国传统文化审美观念在现代社会中经历了现代转化的过程。这种转化既是对传统文化的继承和发展，也是对现代审美观念的融合和创新。

其一，中国传统文化的审美观念强调和谐、自然、内敛等核心价值，这种审美观念在现代社会中仍然具有重要的价值。在文学艺术作品中，这种审美观念表现为对自然、人性、社会等方面的深入探索和挖掘，呈现出一种深沉、内敛、含蓄的美学风格。

其二，中国传统文化审美观念在现代转化过程中也吸收了现代审美观念的一些元素。例如，在现代小说、诗歌等艺术形式中，作家们开始尝试引入西方现代主义、后现代主义等风格，呈现出一种更加多元化和个性化的审美特点。同时，一些作家也尝试将传统文化元素与现代科技手段相结合，创造出具有时代感和创新性的艺术作品。这种现代转化不仅丰富了中国传统文化的内涵和表现形式，也为文学艺术作品的创作提供了新的思路和方向。

二、文学艺术对大众审美的影响

（一）传统文学艺术的审美普及与引导

中国传统文学艺术作为中华文化的重要组成部分，对大众审美具有深远影响。其深厚的文化底蕴和独特的审美观念，通过文学艺术作品的传播，收到审美普及和引导的作用。

其一，传统文学艺术作品通过讲述历史故事、描绘人物形象、抒发情感等方式，向大众传递了中华民族的审美理念和价值观念。例如，古典诗词中的意境美、书画艺术中的笔墨情趣等，都展现了中华文化的独特魅力，引导大众在欣赏作品的同时，提升审美素养和审美能力。

其二，传统文学艺术作品中的经典形象、故事情节和文化符号，成为大众审美的重要参照。这些元素经过时间的沉淀和传承，已经深入人心，成为一种文化符号和审美标准。大众在欣赏和创作文学艺术作品时，会不自觉地受到这些经典元素的影响，从而形成自己的审美观念和风格。

（二）文学艺术作品的创新对大众审美的推动

随着时代的变迁和社会的进步，文学艺术作品也在不断创新和发展，这种创新对大众审美产生了积极的推动作用。

其一，文学艺术作品在形式和内容上的创新，为大众提供了新的审美体验。例如，现代小说中的心理描写、意识流等手法，以及现代绘画中的抽象表现、装置艺术等形式，都为大众带来了全新的审美感受。这些创新元素不仅丰富了文学艺术作品的表现手法和风格，也拓展了大众的审美视野和想象空间。

其二，文学艺术作品在主题和题材上的创新，反映了社会的变化和发展，引发了大众对现实问题的关注和思考。这种对现实问题的关注和思考，使得大众在欣赏作品的同时，也提升了对社会现象和文化价值的认识和理解。这种认知和理解的提升，反过来又促进了大众审美观念的更新和发展。

（三）文学艺术作品的传播对大众审美的塑造

文学艺术作品的传播方式对大众审美具有塑造作用。随着新媒体技术的发展，文学艺术作品的传播方式越来越多样化，这为大众提供了更多的审美选择和可能性。

其一，新媒体技术使得文学艺术作品能够更加快速、广泛地传播到大众中。人们可以通过互联网、手机等移动设备随时随地地访问和欣赏文学艺术作品，这种即时性的审美体验使得大众审美更加开放和多元。

其二，新媒体技术还为大众提供了参与文学艺术作品创作和传播的机会。人们可以通过社交媒体、在线论坛等平台发表自己的创作和观点，与其他人进行交流和互动。这种互动式的传播方式不仅增强了大众对文学艺术作品的参与感和认同感，也促进了大众审美观念的更新和发展。

（四）文学艺术对大众审美教育的贡献

文学艺术在大众审美教育中发挥着重要的作用。通过欣赏和学习文学艺术作品，大众可以了解不同时代不同文化的审美观念和审美标准，从而提升自己的审美素养和审美能力。

其一，文学艺术作品的审美价值可以为大众提供美的享受和体验。这种美的享受和体验不仅可以满足人们的审美需求，还可以激发人们的创造力和想象力，促进人的全面发展。

其二，文学艺术作品中的思想内涵和文化价值可以为大众提供精神滋养和道德启示。通过欣赏和学习文学艺术作品，人们可以了解社会的历史和文化背景，理解人性的复杂性和多样性，从而提升自己的道德品质和人文素养。这种精神滋养和道德启示对大众审美观念的形成和发展具有重要的影响。

三、文学艺术在审美教育中的作用

（一）文学艺术作为审美教育的媒介

在中国传统文化中，文学艺术一直是审美教育的重要媒介。通过诗词、小说、戏曲、绘画等文学艺术形式，人们得以接触到丰富多样的审美元素和审美理念，进而在欣赏的过程中形成自己的审美观念和审美标准。

其一，文学艺术作品以其独特的艺术魅力和情感表达，吸引着人们进行深入的审美体验。在欣赏作品的过程中，人们不仅能够感受到美的愉悦，更能够体会到作品所传达的思想情感和道德价值，从而在潜移默化中提升自己的审美素养和道德情操。

其二，文学艺术作品的传播不受时间和空间的限制，使得审美教育具有更广泛的覆盖性和持久性。无论是古代的经典作品还是现代的创新之作，都能够通过书籍、网络等媒介传播到世界各地，为不同文化背景下的人们提供审美教育的机会。

（二）文学艺术在审美情感培养中的作用

文学艺术在审美教育中具有独特的情感培养作用。通过欣赏文学艺术作品，人们能够体验到作品中所蕴含的情感，从而激发自己的情感共鸣和情感体验。

其一，文学艺术作品中的情感表达具有直观性和感染力。通过作品中的故事情节、人物形象、音乐旋律等元素，人们能够直观地感受到作品所传达的喜怒哀乐、爱恨情仇等情感，从而在情感上得到共鸣和满足。

其二，文学艺术作品的情感表达还具有启发性和引导性。在欣赏作品的过程中，人们能够感受到作品所传达的情感价值和道德观念，从而在情感上得到启发和引导，形成更加健康、积极的情感态度。

（三）文学艺术在审美认知提升中的作用

文学艺术在审美教育中还具有提升审美认知的作用。通过欣赏文学艺术作品，人们能够更深入地了解美的本质和规律，从而提升自己的审美能力和审美水平。

其一，文学艺术作品具有丰富多样的审美元素和审美理念。在欣赏作品的过程中，人们能够接触到不同风格、不同流派的艺术作品，从而了解到美的多样性和复杂性。这种多样化的审美体验有助于人们形成更加全面、深入的审美认知。

其二，文学艺术作品还具有深刻的思想内涵和文化价值。在欣赏作品的过程中，人们能够了解到作品所反映的社会历史背景、文化传统和价值观念，从而在认知上得到提升和拓展。这种对美的深层次理解和思考有助于人们形成更加成熟、理性的审美观念。

（四）文学艺术在审美创造力培养中的作用

文学艺术在审美教育中还具有培养审美创造力的作用。通过学习和模仿文学艺术作品中的表现手法和创作技巧，人们能够逐渐掌握美的创造规律和技巧，从而提升自己的审美创造力。

其一，文学艺术作品中的表现手法和创作技巧具有独特性和创新性。在欣赏作品的过程中，人们能够学习作者独特的艺术风格和创作技巧，从而激发自己的创造灵感和创造力。

其二，文学艺术作品中的创新元素和理念能够为人们的创作提供新的思路和方向。在欣赏和学习作品的过程中，人们能够了解到不同文化背景下的艺术创新理念和表现形式，从而为自己的创作提供新的灵感和启示。这种对美的创新理解和探索有助于人们形成更加独特、新颖的审美创造力。

四、文学艺术在跨文化交流中的审美价值

（一）文学艺术作为文化交流的桥梁

在跨文化交流中，文学艺术作为一种独特的文化表现形式，扮演着桥梁和纽带的角色。中国传统文化中的文学艺术作品，以其深厚的文化底蕴和独特的审美价值，为世界各地的文化交流和对话提供了宝贵的资源。

其一，文学艺术作品作为文化的载体，能够直观地展现一个国家或民族的文化特色和审美观念。中国传统文化中的诗词、绘画、戏曲等艺术形式，通过其独特的艺术风格和表现手法，向世界展示了中华文化的独特魅力和审美追求。这种直观的文化展示有助于增进不同文化背景下的人们之间的相互了解和尊重，促进文化交流和对话的深入发展。

其二，文学艺术作品作为文化的传播载体，能够将一个国家或民族的文化理念和价值观念传播到世界各地。中国传统文化中的文学作品，如《红楼梦》《西游记》等，通过其丰富的故事情节和深刻的思想内涵，向全世界传递了中华文化的核心价值和道德观念。这种文化的传播有助于增强中华文化

的国际影响力和竞争力，推动中华文化走向世界。

（二）文学艺术在跨文化审美交流中的作用

在跨文化审美交流中，文学艺术作为一种共同的艺术语言，能够跨越语言和文化的障碍，促进不同文化背景下的人们之间的审美交流和沟通。

其一，文学艺术作品中的美学元素和审美观念具有普遍性和共通性。无论是在东方还是西方，无论是在古代还是现代，人们对于美的追求和欣赏都是相通的。因此，文学艺术作品中的美学元素和审美观念能够为不同文化背景下的人们所共享和理解，成为跨文化审美交流的重要纽带。

其二，文学艺术作品中的文化元素和民族特色具有独特性和差异性。这种差异性和独特性使得文学艺术作品在跨文化审美交流中能够产生强烈的对比和碰撞，从而激发人们的审美兴趣和创造力。通过欣赏和学习不同文化背景下的文学艺术作品，人们能够更加深入地了解不同文化的审美特点和价值观念，拓展自己的审美视野和思维方式。

（三）文学艺术在跨文化融合中的价值

在全球化背景下，跨文化融合已经成为一种必然趋势。文学艺术作为一种独特的文化表现形式，在跨文化融合中具有不可替代的价值。

其一，文学艺术作品能够促进不同文化之间的融合和交流。通过欣赏和学习不同文化背景下的文学艺术作品，人们能够更加深入地了解不同文化的特点和价值观念，从而增进相互之间的理解和尊重。这种理解和尊重是跨文化融合的基础和前提。

其二，文学艺术作品能够为跨文化融合提供新的思路和方向。在全球化背景下，不同文化之间的交流和融合已经不再是简单的文化移植和模仿，而是需要寻求新的思路和方向来实现文化的创新和发展。文学艺术作品作为一种独特的艺术形式，能够为世界各地的文化交流和融合提供新的启示和灵感，推动文化的创新和发展。

（四）文学艺术在跨文化传承中的意义

文学艺术作为一种独特的文化表现形式，在跨文化传承中具有重要的意义。

其一，文学艺术作品能够传承和弘扬一个民族或国家的文化传统和审美观念。中国传统文化中的文学艺术作品，如《诗经》《论语》等经典著作，不仅记录了中华民族的历史和文化传统，还体现了中华民族独特的审美追求和价值观念。这些作品经过世代相传和广泛传播，成为中华民族文化传承的重要组成部分。

其二，文学艺术作品能够促进不同文化之间的传承和交流。在跨文化交流中，文学艺术作品作为一种共同的艺术语言，能够跨越语言和文化的障碍，促进不同文化之间的传承和交流。通过欣赏和学习不同文化背景下的文学艺术作品，人们能够更加深入地了解不同文化的传统和价值观念，从而实现文化的传承和交流。

第三章　中华优秀传统文化中的美学魅力

　　"美学"这个词语源于西方，一般认为其产生于19世纪与20世纪之交，是王国维根据"aesthetics"一词的日译转述而来。随着西学东渐的发生，这个词语逐渐为中国现代学界所接受。其实，远在古希腊、古罗马以及文艺复兴时期，在美学这门学科创立之前，诸多哲学家们都在探索"美"的秘密。18世纪之后，经过众多哲学家，如巴托、鲍姆嘉通、康德、黑格尔等人的努力，西方意义上的"美学"体系才得以成立。美学这门学科是从西方引进的，虽然中国古代并没有美学这门学科，但从有文献记录的历史来看，中国人对于美的形态、表现和主客体关系的探索，在远古时期就已经有了。在漫长的历史进程中，中国人形成了自己独特的审美思维与心理，并积淀为与西方不同的美学思想。

第一节　东方美学的追求

　　中国古典美学观点可以从儒、释、道的哲学思想中找到源头。先秦时期的老子、孔子、庄子等都是中国美学思想的开山鼻祖，正是他们造就了将中国的审美放到整个社会文化、宇宙自然、人伦道德的大视野中加以观照阐释的传统。由此也可得知，中国传统美学观追求真、善、美的相互融会贯通，对人生价值、审美情趣、人的精神境界、人格修养以及道德培养都有很大的提升。求"和"乃是中国美学精神的核心要义所在。按结构层次来看，东方审美注重并强调对象的客观性；追求"物""心"相融之美，着重于对艺术美的创造和评价；追求"学"与"悟"统一的美学思想。这是一种由"逻辑思维"转变为"心灵经验"的过程，其结果在"感觉"之外，但并不与"感觉"分离；而"学习"是一种自觉的、以逻辑思考为基础的活动。

对于美的本源有很多描述，从"天地有大美而不言，四时有明法而不议，万物有成理而不说。圣人者，原天地之美而达万物之理"（《庄子·知北游》）到"天高地下，万物散殊，而礼制行矣"（《乐记》），再到"日月叠璧，以垂丽天之象；山川焕绮，以铺理地之形：此盖道之文也。仰观吐曜，俯察含章，高卑定位，故两仪既生矣。惟人参之，性灵所钟，是谓三才。为五行之秀，实天地之心，心生而言立，言立而文明，自然之道也"（《文心雕龙·原道》），所述种种虽各有异，但大体理念是一致的，那就是天地间有一种能使世间万物发生变化的力，名之曰"道"。这是世界之大美、万物之美的本源，唯有"性灵所钟"的人才能领悟天地、日月、山川之美。可以说，这是在中国本土道教思想影响下形成的美学思维。这种认识既是对美的客体真实性的肯定，也是对美的对象主体性的肯定。它以鲜明的民族性为特征，对中国乃至整个世界的审美产生了积极和深远的影响。所谓"东方审美"，就是中华审美。回溯中华美学的历史，我们可以清晰地发现其三个主要的追求，分别是对形与神的追求、对物质与精神和谐的追求、对学与悟的追求。这几点在中华优秀传统文化中得到了充分的反映。

一、对形与神的追求

形与神这两个概念很早便受到了先辈们的关注。中国古代的审美认知中，不仅有形式、外貌的说法，同时还有"神""气""韵"的概念。故而古人云："物生有形，形有神精。"（《人物志·九徵》）古人将这种看不见摸不着，却能决定万物生命力的东西称为"气"。因为"地气上齐，天地相荡，鼓之以雷霆，奋之以风雨，动之以四时，暖之以日月，而百化兴焉"（《礼记·乐记》），由此可知，万物之美的根源，其实是一种可以孕育万物的气息。古人所说的"物"，除了天地日、月、山、川等客观事物外，还包括诗、歌、书法、绘画、音乐等人类通过审美创造的事物。在艺术中，美被扩展到了"形"和"神"的意义上。所以，学习绘画，就必须"遗貌取神，殊有言外风致"（清·王韬《瀛壖杂志》）；书法则是仿其形而取其神；在诗歌、书法、绘画、音乐等方面，钟嵘提出"滋味"，司空图提出"韵味"，王士禛提出"神韵"等审美概念。因此，对美的追求，必然要从"神""气""韵"三个方面入手。

基于此，诸多哲学家与文艺评论家将"形"与"神"相结合，提出"形神合一"的中国传统美学理论。关于"形神合一"的美，在诸多论说中较为一致的观点是：美的实质在于精神，而非形式。但是，"形"并非可有可无，它在表达美和考究美的过程中有着不容忽视的作用。如张景岳提到，"形者神之体，神者形之用；无神则形不可活，无形则神无以生。"（明·张景岳《类经》）南朝谢赫在《古画品录》中将气韵居于绘画"六法"中的首位："六法者何？一曰气韵生动是也，二曰骨法用笔是也，三曰应物象形是也，四曰随类赋彩是也，五曰经营位置是也，六曰传移模写是也。"这一领域的代表观点还有：南朝王僧虔所说的"书之妙道，神采为上，形质次之，兼之者方可绍于古人"（《笔意赞》）；苏轼所说的"论画以形似，见与儿童邻。赋诗必此诗，定非知诗人"（《书鄢陵王主簿所画折枝二首》）；李贽所说的"画不徒写形，正要形神在；诗不在画外，正写画中态"（《焚书·读史·诗画》）等。因此，中国古典审美对美的评价，从来都不会仅仅局限于表面上的华丽，对外部美丽所产生的视觉快感，即使美也不是肤浅的，更重要的是内在精神与意义，只有神韵之美才是真正深刻的美。

在中国传统美学观中，中国古人首先从一个固定角度来研究美，然后再从气氛和关系来表现美。他们相信，真正的美是存于形式之中，却又高于形式之上，因此追求一种介于真实与虚幻之间的完美。换句话说，便是在虚幻中可以感受到真实，在真实中可以品味到虚幻。按汤显祖的说法："诗乎，机与禅言通；趣与游道合。禅在根尘之外，游在伶党之中。要皆意以若有若无为美。"（《如兰一集序》）这是一种既掌握了形式，又超出了形式的"若有若无"之美。总的来说，中国古代对美的评价、表现和追求，都是这种注重形体与气韵相合思想的体现。

二、对物质与精神和谐的追求

不同于西方从抽象的定义以及概念中阐发审美旨趣，中国古代美学注重内在情志的外向化表达，如将"心""志""情""性"等内在表达的范畴与"物""形""景""象"等外显表达的范畴相结合，在"心"与"志"之间寻求一种能够维持平衡与协调的"美"，它不仅是一种形式，还具有更丰富、更深刻的精神内涵。

诗歌方面，中国古人注重"志之所之也""吟咏情性也""人之精神也"，不仅要追求诗歌的形式美，还要关注这种形式下对人的心、志、情、性等精神之美的追求；书法方面，文字造型应该是一种线条化了的作者情感，要能够标拔志气，出藻精灵，做到"或寄以骋纵横之志，或托以散郁结之怀"（唐•张怀瓘《书断》）。绘画方面，在表现事物的时候，将事物与心灵融为一体，表现出事物的精神，从而创造出真正的美。这也是中国古代很少出现写实风格人物画，而表现写意风格的山水画却非常多的原因。音乐方面，强调"乐者，心之动也"（《乐记》），"琴者，心也；琴者吟也，所以吟其心也"（《琴赋》。）用音乐来表达自己的情感，是反映内心的真实写照。对于戏剧和小说来说，抒情和写意地表达出审美主体的精神美，是其作品能否获得成功的关键。汤显祖曾对董解元的《西厢记诸宫调》做出过以下评价："董以董之情而索崔张之情于花月徘徊之，童之发乎情也，铿金戛石，可以如抗而如坠。"他认为，董词的情节跌宕起伏，悲喜曲折，擅长描写人物的心理与环境景物，并且细腻传神。

中国传统美学的审美境界讲究人的心灵与物的关系，强调在审美过程中将人的性格与诗、书、画、乐的风格融为一体。关注的焦点是审美主体的心灵之美，是对"心"与"物"协调的追求。这是一种"心物合一"的审美境界，强调直面审美对象，在"心物感应""心物合一"中感受美、创造美。古人认为，事物蕴含着人的心性，人可以用"心"和万物沟通。正所谓"目中有山，始可作树；意中有水，方许作山"（清•笪重光《画筌》）。因此，古人说画山川，最要有山川之气："春山如笑，夏山如怒，秋山如妆，冬山如睡。"

（清·恽格《瓯香馆画跋》）。因为心与物之间的联系，意境与景物才会相融，这就是中国传统美学追求的最高境界。在这样的境界里，主体的心灵美已经充分地融进了物质，并以物质的形式展现了它的美；而审美对象也与心灵彻底融为一体，表现出来的美已经完全包含了审美主体的精神之美。

中国传统审美追求的是物质与精神的和谐，最终达到统合精神与物质、孕育万物的自然大道。因此，人以自己的心意参悟万物之灵，做到心意与万物之妙相融，便是人既有物，人亦无物，天人合一。在中国古代审美中，从美的来源到美的生成，是从天到物再到心的过程；对美的发现与创造，更是发自内心的体悟。在这种关系中，无论是天美与道美的生成与再现，还是对天美的探索与创造，都有赖于事物与心灵的和谐。

三、学与悟相结合

中国传统美学特别强调"悟"。所谓"悟"，就是人从理性的认知到感性的直觉，它的出现并不是逐步产生的，而是突如其来如同灵感似的心境。以悟为主阐发出的美学观点包括顿悟、妙悟等。对此，有很多评论家、思想家提出了相关的看法，如宗炳在山水画创作和鉴赏中，强调了由物到心的"悟"，这是一种由感到神的跨越。刘勰强调文章的写作要用心灵来体会："思理为妙，神与物游"（《文心雕龙·神思》）。袁枚把"悟"放在了更高的位置上："鸟啼花落，皆与神通，人不能悟，付之飘风。"（《续诗品三十二首·神悟》）凡此种种，皆视"悟"为心灵与事物间的思想之桥，是心灵从有形之物上升到无形之境的钥匙。没有了"悟"，就不可能由形到神，由物到心，由心到天，更不可能有更高的审美思维活动。所以，不管是在文学创作与鉴赏中，还是在其他各种艺术审美中，中国先辈都着重于"悟"。作者需要用"悟"的心态来创作，批评家和鉴赏家也需要用"悟"的心态来品味和欣赏作品。

另外，虽然"悟"很重要，但并不是意味着只要有悟性就足够了，更重要的还在于基础的学习。如"法在人，故必学；巧在己，故必悟"（宋·陈师道《后山谈丛》）。这句话表明"学"和"悟"之间是相互促进的，学习到理解是一个从有意识到无意识的发展过程。按照袁宏道的话来说，只有在日常学习和理论知识的积累下，才有可能灵光迸发：先是"博学而详说""已大其蓄"，但这时仍不能融会贯通，只有经过一定时间才能水到渠成，即"久而胸中涣然，若有所释焉"，将学习与理化融入自己的性情和精神之中。最终，才会有灵感爆发，产生"机境偶触，文忽生焉"（《行素园存稿引》）的妙悟。对"学"与"悟"的追求，是东方古典美学观的重要内容。

总的来说，东方美学的无限魅力，正是在这样对形神兼备、物心和谐、学悟统一的有意识的不断追求中，才能形成并长久地产生着影响。

第二节　中华美学的民族特征

中西方美学有共性，但更多的是体现民族个性。正是民族美学的独特才体现了中华民族独特的精神气质、思维方式以及审美旨趣等。因此，梳理中华美学的民族特点，不仅是对中华优秀传统文化的理论进行继承与发扬，更对现世的教育以及民族精神的传承起着重要的作用。

一、讲究"中和之美"

"中和"一词源于《周礼》，后来经过孔子的发展，成为儒家的核心思想。"中和"是中华优秀传统文化中最具有特色的美学范畴之一，深受儒家思想中的中和之道的影响，其基本内涵强调刚柔并济、和谐适中。"中和"观主要包含四个方面：第一，天地的中和。意为天地的运行需要在阴阳两种势能中获取某种暂时性的平衡。第二，人心的中和。主观与客观相互协调，才能在实践中展现自身的价值。第三，身心的中和。人的行为与内心相协调，做到知行合一、身心中和。第四，人际的中和。强调人与人的交往需要束缚和规范，要有边界感，不能逾矩，才能维持整个社会的和谐。在此意识形态的指导下，对"中和之美"的崇尚成为我国审美范畴较为突出的特点。

在很多经典学说中有关于"中和之美"的论说，如《论语·八佾》中说"乐而不淫，哀而不伤"，目的在于建立一套"中庸""和谐"的审美规范。《礼记·庸》提出："喜怒哀乐之未发，谓之中。""中"在此表示适度、恰到好处的意思。在其他先秦文献中，我们还可见到《左传》中倡导诗歌与音乐的"中声"与"平和"；《吕氏春秋》中，论述了恰当的节制与平和之音的重要性与必要性。正是这种较为相似和统一的表述，逐渐构成了儒家审美观，也就是中华美学所说的"中和之美"的特色。

"中和之美"其实是中庸之道在审美思维中的体现。由于诗歌、音乐可以通过具体和感性的方式来教育人，在古代的思想家们看来，它们也可以通过这种和谐之美培养人的心性，约束人的行为。对于那些违背了"中和之美"的诗歌、音乐，我们不能作也不能听，以免让精神错乱、丧失平静，甚至导致违背社会准则的行为的发生。他们强调用强制性礼仪来约束人，辅之以"中和"的诗乐之美，让社会安定有序，让人民在审美过程中得到潜移默化的道德修养。这种将"中和之美"置于突出位置的审美特点，折射出我国民族尚和、尚同的基本特点，至今仍有其积极的现实意义。

二、强调"一"与"多"的统一

中国古代审美观念认为，单一和单调无法成就诗、书、画、乐之美。美应该是单一与多元的辩证关系。不论是自然之美还是艺术之美，都应当是简单而丰富的统一。在"一"与"多"的辩证统一关系中，没有什么东西是单的，有"和"才有"美"。《左传春秋·昭公二十年》记载，晏婴在向齐侯讲述这一观念时，特意强调"和如羹焉""声亦如味"，并以"煮鱼""听曲"为例阐释单一与和之间的关系。"水火醯醢盐梅，以烹鱼肉，燀之以薪，宰夫和之，齐之以味，济其不及，以泄其过，君子食之，以平其心"，只有用水、火、醋、酱、盐、梅来烹调鱼和肉，通过柴火烧煮、厨工调料，味道才能恰到好处，君子喝了这种肉羹，才能内心平静。晏婴的话里隐含着一种深奥的审美意蕴，即只强调"单一"或者"同"无法构成真正的美，只有多元协调才能创造美，形成艺术，构成人生。音乐也是如此，美妙的音乐正是由不同的乐器、音律、音调相互搭配而成。简单来说，"和"最首要的便是多元，统一是其次。每个部分、局部都有自己的位置，最终一起构成和谐的稳定形态，这便是"和"。如果没有形成"和"的对立统一，也就无法产生美。这就是"清浊、大小、长短、疾徐、哀乐、刚柔、迅速、高下、出入、周疏，以相济也"的道理。

郑国的史伯说得很清楚："和实生物，同则不继。以他平他谓之和，故能丰长而物生之；若以同稗同，尽乃弃矣。"（《国语·郑语》）万物之本是"和"而不是"同"。生命的诞生必须有男女之分，才能形成"和"。如果只有男人或者只有女人，那就是纯粹的"同"，也就失去了生命力。因此，"和"是最基本的生存法则。史伯提出："声一无听，物一无文，味一无果，物一不讲。"只有一个声音，不能成为优美动听的乐曲；只有一种味道，也不会成为美味。由此可见，我们的祖先很早就已经树立了这样的观念：唯有同与异、一与多的统一，才能有事物的发展，才能产生美。清朝的刘熙载在此基础上，进一步发展了他的"物无一则无文"观点："《国语》言'物一无文'，后人更当知物无一则无文。盖一乃文之真宰，必有一在其中，斯能用夫不一者也。"（《文概》）事物单一则无法成文，事物不能合一同样无法成文，只有有中心、主干或者主题，才能发挥其他事物的作用，从而产生美。"一"和"多"的统一观念，始终贯穿着中华美学史，并留下了深刻的印记。

三、追求自然完美的境界

老子高度评价"天道"，强调"天道"不能用言语、概念来表达，从而提出了"大音希声""大象无形"的理想境界。"希声"就是未闻之声，"大音希声"是说人能听到的声音只是自然界的一小部分，因此"有声"并非"大音"。"大象无形"意为世间最为宏大、崇高、壮丽的风景并不会拘泥于一种固定的外形与风格，物质的外在美并不是完全的美，真正的宏大景象是"万千气象"的面貌。庄子也将自然之美纳入了美的探讨范围之中，将音色之美划分为"人籁""地籁"和"天籁"：人籁如笛箫之音，地籁如风穴之音，天籁则完全是天然的、不受人为干扰的声音，这三种声音中，"天籁"才是最美的。

老庄提出追求"自然完美"的理念,对我国的审美观念产生了巨大而深刻的影响,并在后人的实践中得以进一步充实,从而形成了中华美学的民族特色。这种对自然完美的追求被文人画家们推崇为一种极致的美。他们认为"五色不华,视斯真矣"(徐渭《赠成翁序》),正如老子所说的"大音希声""大象无形"一样。在艺术风格上,这种理念呈现为对洒脱、淡泊、悠远之美的追求。表现在诗词上,就是不以雕琢文字为美,而以朴实无华为美;具体表现在绘画上,则是"外枯中膏似淡实美",注重"质而实绮,癯而实腴""萧散简远,妙在笔墨之外"(苏轼《评韩柳诗》)。追求自然之美是最高的艺术境界,就是要让人的艺术创造像鬼斧神工一样浑然天成、妙造自然、不露痕迹;反对故意在形式上争强好胜的做法。在艺术的内涵美和形式美中,中国人更追求对"自然"和"全"的美,这在中国古代诗歌、文学、书法、绘画甚至戏剧、小说等许多领域都有很多体现,这就是中华传统的审美观念,具有鲜明的民族性。

四、重视情感的作用

从先秦到两汉,中国先贤都非常重视情感在诗歌、音乐、舞蹈等艺术创作中的作用,形成了"诗者,志之所之也,在心为志,发言为诗"(《诗大序》)的理念。魏晋以后,这一思想在艺术创作中体现得更为明显。刘勰《文心雕龙》认为,情绪在整个创作过程中起到了举足轻重的作用:一是在构思阶段,精神靠物象来贯通,而情绪正是引发物质到意象的核心,即"神用象通,情变所孕";二是在结构上,提倡在掌握写作规律性的基础之上,只需等待情感,亦即灵感的到来,写作就能完成。即"依部整伍,以待情会"。刘勰认为"情以物迁,辞以情发","流连万象之际,沉吟视听之区。写气图貌,既随物以宛转;属采附声,亦与心而徘徊"。他把情感在创作美中的地位提升到了"情者,文之经"的高度来看待,体现出中华美学对感情与美之间关系的高度重视。刘勰以后,又有许多学者从情感角度探讨了小说、戏剧的创作。冯梦龙认为,小说具有一种"以甲是乙非为喜怒,以前因后果为劝惩,以道听途说为学问"(《警世通言序》)的感情魔力,可以让"怯者勇,淫者贞,薄者敦，顽钝者汗下。虽小诵《孝经》《论语》，其感人未必如是之捷且深也"（《古今小说序》）。

总的来说，中国古代美学把感情看作是创作美和艺术美的重要因素，并由此把注重感情的审美功能发展为极具辨识度的民族审美特色。

第三节　中华美学的魅力

人的审美活动是美学的研究对象，通过对人的审美活动的研究，聚焦起着主导作用的精神世界，以此唤醒人类的审美意识，获得审美、创造的能力。美学不仅能够让人达到精神的愉悦，还能使生活具有诗意和意义，从而构建人类的精神家园，使人成人。从远古时代开始，中国人就在劳动生产实践活动中将人本身的力量作为主要审美对象，这一点在原始彩陶那些人类渔猎种植活动的图画上可以清楚地看到。在对美的创造与鉴赏过程中，中国先民也逐步建构了以人为中心的审美心理架构。诗歌、书法、音乐、绘画等各种艺术中不仅蕴藏着无与伦比的审美创造，更十分强调审美鉴赏及其教化作用。所以，不同于西方美学追求存在的本质、艺术的同一性，中华美学更加看重对美的意象的创造、对美的鉴赏以及将情感融入艺术中，从而获得天人合一的审美体验。

西方文化偏重于探求美的本质，并通过一系列象征来表现对美的理解。首先是对美的本质进行界定，认为需要用清晰的话语来表达，因此在西方审美中，语言的作用非常重要。但是，中国人在追求和理解美的时候，总是认为无论是语言还是数字，都很难和美一一对应。这种理念充分体现在"言不尽物""可以言论者，物之粗也；可以意致者，物之精也""言不尽意""口不能言，有数存焉于其间"等诸多论述中，也就是说，美的东西可以理解，却难以用语言来准确表达。因此，如果说在西方审美中，审美的认知过程是"感性—理性—清晰"的"语言符号"界定，那么在中华审美中，则是"感性—语言符号—理解"的"认知"界定。中国传统美学一方面否定实体化的、外在的美，另一方面又否定纯粹主观的美。因此，中华传统美学认为美在意象，审美活动就是要在物理空间的表象之外构建一个情景交融的意象世界。正如朱光潜在《论美》中指出的那样："美感的世界纯粹是意象世界。"中国古人由于讲究神会、心意相通，大大拓展了对美的欣赏与创造。

中华传统美学总是把审美对象的心理作为整体来把握，不把知性和意蕴完全分割开来，所以它的审美是一种整体性的呈现。西方美学多把主体性划分得清清楚楚，对审美心理进行几何化处理，这其实是一种不确定的心理反应。中国古代对美的创作和欣赏，都有与之相对应的各个艺术学科，并没有把每一种艺术门类中关于美的理论融为一体来讨论，而是按照每种艺术的特点和教育价值来讨论，这正是中国古代美学区别于西方的独特之处。在这些理论中，把诗文放到了最高的地位，正如古人所言："夫文章者，经国之大业，不朽之盛事"（曹丕《典论·论文》），称"正得失，动天地，感鬼神，莫近于诗"（《诗大序》）。

同时，中国美学还强调对立统一的辩证关系，如"神"与"形"的交融、"物"与"心"的和谐、"学"与"悟"的统一等，这些都是中国古人对美学观进行的思考与探讨。在中国古代审美传统中，许多审美概念与范畴都有着东方特有的认识，如"气""神""情""意""风""韵""趣""势""力""姿""形""态"等，而且这些概念之间还可以互相交叉、互相渗透。这不仅是表象形式的特征，也是中国传统审美与中国古代哲理及各种文艺理论相结合的体现，并成为中华美学神秘莫测的魅力之源。

在中西审美的对比研究中我们发现：西方重视以"美"的本性为中心去建构系统架构，中华审美却偏重于主体范畴所组成的整体机能架构；西方美学以文学、绘画、雕塑、建筑、音乐、舞蹈为其艺术理论体系，中华美学以文学（诗歌、散文、戏剧、小说）、绘画、书法为其主要的文本载体；在审美客体理论上，西方美学从"形式""内容""多层次"的角度，以几何方式划分对象，而中华美学从"形""神""魂""骨""肉""身""体""心"等功能的角度，将"意"与"体"放在辩证统一的角度来看。中华审美注重意蕴，而西方审美注重典范；中国艺术美的神韵游走在阳刚和阴柔之间，西方则讲究优雅和高尚；中国的悲剧美是一种深厚的、深沉的、难以自拔的悲剧美，西方的悲剧美则是挣扎和搏斗的悲剧美；中华的"丑""奇""怪"与西方完全不同。不管东西方对中华美学的评价如何不同，中华优秀传统文化所蕴含的审美魔力总是不可抵挡的。

第四节　中华优秀传统文化与高校美学教育

　　无论是在中国还是西方，人们很早便开始重视美育的作用。古希腊的毕达哥拉斯、柏拉图以及亚里士多德都非常重视美育。18世纪末，席勒在《审美教育书简》中第一次提出"美育"概念，认为审美对于人的精神、品性的发展都是绝对的必需品；没有审美活动，人就不能获得真正意义上的完满。中国最早提倡美育的思想家是孔子。20世纪初，蔡元培在北京大学大力提倡美育，在全国范围内产生巨大影响。对于美育的性质，很多学者发表了不同的看法，主要有以下几种：美育是一种感性的教育；美育是一种趣味的教育；美育是一种艺术的教育；美育是美学理论与美学知识的教育；美育最关键的是情感的教育。美育属于人文的教育，它的目标是发展完满的人性。从这些说法可以看出学界对美育的肯定。1912年，蔡元培在《对于教育方针的意见》一文中，提出将美育列入教育方针。

　　美学是从审美、创造美的角度来考察人与世界万物之间的关系，其目的在于通过审美把握人与世界的关系，并且在这个过程中体悟生活、美化人生与完善自我。正如唐代文学家柳宗元所说："美不自美，因人而彰。"（柳宗元《邕州柳中丞作马退山茅亭记》）美学本质上是人的学问，是从人与世界关系的审美实践获得的。美学能够为美育提供翔实的理论支持，美的教育能够使人获得审美、创造美的能力，从而进一步地满足人类的精神需求。如今，美育在我国高校教育中已经得到普遍实施，但在全球化背景下，各种不同文化观念和价值观念涌入我国，中国人的传统生活方式和文化观念发生了巨大变化。加之受到市场经济功利化的影响，不但中华美学面临着生存发展的挑战，高校美育也面临着新的课题，需要进一步强化和调整。而中华优秀传统文化既是高校美育的重要内容，也能反过来对高校美育工作起到重要的引导作用。因此，可以说，在中华优秀传统文化的传承和发展过程中，高校是最不容忽视的环节之一。

在具体的高校关于中华优秀传统文化的美育实践中，应该特别注重以下几个方面：首先，要加强对中华优秀传统文化在高校美育中落地实施的制度保障。美育最为重要的功能就是引导学生体验人生情趣、提升文化审美，从而促进人的全面发展。应建立专门机构，将中华优秀传统文化美育工作融入国家审美体系建设之中，负责在高校美育工作中开展中华优秀传统文化相关工作，制订和实施相关指导纲要，指导建立课程体系和开展教师培养，健全教材编制体系。整合优势资源，吸纳杰出人才，构建"学术高地"，与各有关部门、重点大学、科研院所共同组建"智囊团"，开展"提升中华优秀传统文化"的国家重大科研课题。

其次，高校要加强中华优秀传统文化相关的美育投入。高校应该全面贯彻传承和发展中华优秀传统文化的中心目标任务，从教学大纲的制定、师资队伍的建设、教材的研制、课程的设置、成绩的评价等多个环节，使学校的审美教育变成中华优秀传统文化的重要载体。要注重"追求高尚"的传统文化理念，对具有普遍应用价值的优秀内容进行宣传，在达成共识的基础上集众智、共创新，发展出师生都能接受和参与的新文化、新风俗。要选取普遍适用、效果显著、广泛认可的教学方法，培养高校学子的活力和创造力。美育的目的是培养完整的人，实施美育并不仅仅意味着只开设美育一门课，抑或是开设几门相关的艺术欣赏课程。美育应该贯穿于高校教育的各个环节和方方面面，比如课堂教学、课外活动以及校园整体的文化营造，形成覆盖全面、广受欢迎的良好美育氛围。要把学校教育与社会教育有机结合起来，把课堂教学与课外教学有机结合起来。在学校教育中，除主要的教育阵地外，还应发挥家庭教育与社会的共同作用。

再次，要充分应用新技术、新手段、新理念。当下时代，网络与大众传播媒介对大学生的影响日益深刻，通过网络传播的价值观与审美情趣关乎大学生身心健康的发展。在进行高校美育工作时，要充分运用现代科技手段特别是信息技术，将中华优秀传统文化深入学校生活的每一个角落。要强化对分散教育资源的系统整理，对各种研究成果进行全面总结，建设一个全民关注、共建、共享的文化教育资源库，为开展中华优秀传统文化教育，改善美育环境提供学术支撑、实践指导、决策参考，将优秀文化的精神、遗产、典籍与文物、专家学者的智慧、传统艺术的精髓等有机地融合在一起，向社会普及。

最后，要把高校作为开展中华优秀传统文化研究的重要阵地。在当前快速发展的文化变迁背景下，对中华优秀传统文化的研究已成为热点和刚需。如何主动肩负起中华优秀传统文化传承和创造性发展的重任，是高等教育必须思考的重大问题。要把中华优秀传统文化发扬光大，深入挖掘，使之为广大群众所喜爱，为之所用，大学审美教育无疑是最好的平台。全社会应有意识地将这两方面融合在一起，开展相关学术理论和实践研究，使中华优秀传统文化与大学审美教育相得益彰，充分发挥各自的作用，为社会提供更好的服务，从而更好地引导大学生积极追求更有意义和价值的人生。

第四章　中国传统文化载体——汉字

第一节　文字与汉字的起源

一、文字的概述

"文字"二字的首次连用出现在秦朝《琅琊刻石》"同书文字"中（赵峰《汉字学概论》），目前尚未发现该词在先秦时期使用的实例。《论语·卫灵公》中用到的"史阙文"，《中庸》中使用的"书同文"等，都没有连用"文字"。

先秦时期，人们通常称"文字"为"文""书""名"等。《左传·宣公十二年》和《左传·昭公元年》中便是用"文"来形容文字，如"夫文，止戈为武"。清朝音韵学家江永指出："其称书名为字者，盖始于秦。"（《群经补义》）如吕不韦曾提出："有能增减一字者，予千金。"（《吕氏春秋》）

汉代郑玄解读经时，常把"名"与"书""字"相联系。例如："百名以上书于策，不及百名书于方"（《仪礼·聘礼》），注："名，书文也。今谓之字"；"掌达书名于四方"（《周礼·春官·外史》），注："古曰名，今曰字"。

东汉文字学家许慎说："文，错画也，象交文。""字，乳也。从子在宀下，子亦声。"（许慎《说文解字》）"文"的甲金文是象形字，中间有纵横交错的图案，代表胸口和腹部的文身，故"文"的本意是一种纹路，逐渐引申为文字。"字"的本意与生育相关，引申为女子许婚。许慎道："仓颉之初作书，盖依类象形，故谓之文；其后形声相益，即谓之字。文者，物象之本，字者，言孳乳而浸多也。"（《说文解字》）由此看出，许慎也认为仓颉最初写的那类文字为象形字，称作"文"；之后形声相合，通过语言的音和义组合创制新的文字符号，叫作"字"。所以，最早描述事物形态的象形字，通过摆脱客观事物的形态限制，才能"孳乳而浸多"被称为"字"。此外，许慎强调，在仓颉创造汉字的时候，"文"强调形体的来源，而"字"则是"文"的发展产物，"文字"本身就反映出创字的顺序。

由此可见，"文字"是一种用来记载语言的书写符号，同时也是独立的视觉符号。再至汉字，它是一种包含符号、形状、笔画等规律的汉字体系。汉字不是纯粹的音素符号，具有表音和表意的双重作用。因为它既能记录汉语语音，又可以直接表示语义，所以是具有记录汉语语音和表达语义层级作用的书写符号系统。此外，它的表音和表意功能分别属于符号的不同层次。这与许慎所言有所不同，是因为许慎所述的是汉字的起源，而此处所说的是汉字的功用。（《汉字学概论》）

二、文字学

文字学属于语言学的分支，主要研究文字的性质、系统、起源和发展，以及文字形态和音义的关系。对汉字来说，还包含对书写方式、创造和革新、个体汉字的演化等内容的研究。广义的文字学涵盖了对汉字的音形义、训诂等方面的综合研究，这与小学阶段的教学相似。

按照研究的目标不同，文字学可划分为几个分支。普通文字学（或一般文字学）将世界上的各种文字作为研究对象，探讨世界文字的结构、性质分类、起源和演变的普遍规律。由于需了解世界上的主要语言，或掌握世界上主要语言的相关材料，但这都不是容易整理归纳的对象，因此这方面的研究比较困难。虽然英、美、俄等国的学者曾做出许多尝试，但是成果甚少，所以至今还没有一部被全球语言学家所认可的权威作品。比较文字学则以特定文字为研究对象，比较不同文字的结构特点、发展规律等。个别文字学则专门研究一种特定语言的文字。目前，国内外的文字学著作大多涉及特定文字

的研究，而汉字是其中的一个重要研究对象。（《汉字学概论》）

　　汉字的研究历史非常悠久，迄今为止有 2000 多年的历史。最初，对汉字的研究被称为"小学"。戴德曾说："古者年八岁而出就外舍，学小艺焉，履小节焉；束发而就大学，学大艺焉，履大节焉。"（《大戴礼记·保傅》）其中，"小艺"指书和数，即文字与计算知识。《汉书·艺文志》在诸经之后，列《史籀》以下 10 家 45 篇，均为童蒙识字课本，谓之"小学"一类。由是，"小学"从课学童的学宫之名转而指课学童之书名，"小学"也就指文字学。而后，"小学"的范畴中加入音韵类（《隋书·经籍志》），再至纳入书法和书品等（《旧唐书·经籍志》）。总之，"小学"一词成了涵盖文字、音韵和训诂等的术语。

　　20 世纪初期，汉字研究的理论性著作如雨后春笋般冒了出来，其中也出现了被称为"文字学"的著作。这一阶段的"文字学"有两种含义：一种是与"小学"相当的，指文字、音韵、训诂，比如 1917 年徐政道发表的《中国文字学》一书，其中涉及"六书""部首""反切""古音"等内容，后来出现了"文字学形义篇""文字学音篇"的新领域。高亨在 20 世纪 60 年代编著的《文字形义学概论》也是受此影响。另一种含义与现代的"文字学"相当，如胡朴安的《中国文字学史》，但该书对音韵和训诂并没有进行详细的讨论。

三、汉字的起源

　　关于汉字从何而来，自古以来就存在着诸多传说。近年来，众多学者都对此进行了相关的探讨。从古代神话及学者的考证中，我们可以看到汉字的出现与远古文字记录方式有很大的关系。所以，要探索汉字的本源，我们需要全面地了解远古时期不同的文字记录方式。在中国古代，存在着多种原始的记录方式，包括打绳结、契刻、八卦、画图等。在这些记录方式中，打绳结是一种利用绳子打结的方式来传达信息的方法。所谓"上古结绳而治，后世圣人易之以书契。百官以治，万民以察"（《易传·系辞下》）。庄子也曾提及："昔者容成氏、大庭氏、伯皇氏、中央氏、栗陆氏、骊畜氏、轩辕氏、赫胥氏、尊卢氏、祝融氏、伏羲氏、神农氏。当是时也，民结绳而用之……"（《庄子·胠箧》）意思是曾经的远古氏族领袖们，如容成氏、大庭氏、伯皇氏等，当时都是靠结绳的办法记事。庄子虽未明确指出"结"是从何时开始使用，但从伏羲、神农等名号可知使用结绳之法的时代较早。

关于结绳表达信息，"结为约，大事则大，小事则小"（郑玄《周易注》）得以解释。也就是说，有大事在绳索上打个大结，小事则打个小结，以此来记录不同的事件。同时，"古者无文字，其有约誓之事，事大大其绳，事小小其绳。结之多少，随物众寡"（《九家易》）。这表明古人在使用结绳时，根据需要记忆的事物数量、性质等进行结绳。古代人使用结绳的原因之一是人类记事容易遗忘，通过打结来记录，可以帮助他们保持记忆和计数信息。例如，通过结绳的个数和方式来表达"10""20"和"30"等数字。

少数民族也有通过结绳记事的历史。清代严如煜写道："苗民不知文字，父子递传，以鼠、牛、虎、马记年月，暗与历书合。有所控告，必请土人代书。性善记，惧有忘，则结于绳。"（《苗疆风俗考》）这表明苗族人民在没有文字的情况下，以动物形象作为符号来记录年月，并将重要的信息绑在绳子上以便记忆。另外，在中华人民共和国成立初期，云南独龙族也采用结绳的方式记录长途跋涉，每跋涉一次，他们会系上一个结；与朋友们约好见面的时间也会借助打结来记住，比如在一条绳上先打好结，然后随着时间的推移，每天解开一个结，最后当所有结都解开时，则代表着他们见面的时间已到；他们还有一种用于求婚的结绳方式，即通过将两根等长的绳子的一端绑在一起，送给喜欢的女孩，表示求婚的意图。

契刻是另一种记录事物的方式，常指出土文物上的刻画符号，其出现时间比打结要晚。契刻的功能以记录数字为主。《释名·释书契》："契，刻也，刻识其数也。"《墨子·备城门》："守城之法，必数城中之木，十人之所举为十挈，五人之所举为五挈，凡轻重以挈为人数。"《周礼·地官·质人》则提到"掌稽市之书契""书契，取于市集。其状如券，二札书于其旁""书两札，刻其侧"。以上内容均可例证镌刻的普遍性和功能性。值得一提的是，在一根竹竿或木杆契刻上齿状记号，以表示财富的多少，然后将此竿分为两部分，让当事人各拿其一作为凭证，正是今天"契约"的由来。

《管子·轻重甲》中记载了镌刻的另一种使用方式："子大夫有五谷菽

粟者，勿取左右，请以平贾取之子，与之定其券契之齿。"当时，齐桓公想救济战死者的后代，却困于缺乏救济品。对此，管仲建议控制物价，并要求贵族大夫们的存粮不得自由贸易，由政府平价收购并签订契约。《列子·说符篇》中也提到"藏遗契者"，即有个宋国人在路上拾到了一张被人扔掉的契据，回到家后悄悄地数它上面有几个刻齿。之后，他欣喜地告诉邻居："我发财致富的日子指日可待了！"可见，当时契刻得到了广泛使用。

清朝诗人陆次云表示，少数民族也会用木契记述事情。苗人不会书写文字，在遇到事情的时候，都会刻木来记录，作为约定的证据。（《峒溪纤志》）清朝画家方亨咸也曾记录，苗人之间没有契约，但借贷之人皆以刻木为信物，不得盗用。此木乃常生之木，一人持一块，在约定的时间内完成契约，如刻符一般。（《苗俗纪闻》）这些记载都指出古代一些民族地区的人民虽然不具备文字书写能力，但他们采用刻木的方式来记录事物，作为约定的证据。值得一提的是，汉字中的数字"一""二""三""三（四）"等，据推测可能就是由契刻衍生出来的。虽然具体的演变过程无法考证，但契刻作为古代记录数字的一种方式，对如今汉字数字的形成有一定的影响。

此外，中国古代还有一个关于汉字起源的传说——"河图洛书"。"河图洛书"是远古时代流传下来的两幅神秘图案，包含了关于天文、地理和数学的内容。先秦时代有大量相关记载："河出图，洛出书，圣人则之。"（《易传·系辞上》）"凤鸟不至，河不出图，吾已矣夫。"（《论语·子罕》）"昔人之受命者，龙龟假，河出图，雒出书，地出乘黄。"（《管子·小匡》）"赤鸟衔珪，降周之岐社，曰：'天命周文王，伐殷有国。'泰颠来宾，河出绿（箓）图，地出乘黄。"（《墨子·非攻下》）可见，上述记载表明"河图洛书"被认为是自然界中的一种奇异现象，并被视为君王统治和圣贤出现的征兆。对于"河图洛书"的具体内容究竟是什么，汉代孔安国认为，《河图》上记载的是伏羲氏王统治时，龙马从河里出来，伏羲通过龙马身上的图案，结合自己的观察画出了"先天八卦"，而龙马身上的图案就叫"河图"；《洛书》则是禹治洪灾的时候，水中浮出神龟，背驮"洛书"，大禹依此治水成功，遂划分天下为九州，又制定九章大法。（《尚书传》）这表明"河图洛书"

可能是由数字构成的图式。魏晋南北朝时期，关子明曾云：河图之文，七前六后，八左九右。洛书之文，九前一后，三左七右，四前左，二前右，八后左，六后右。（《易学启蒙》）北周甄鸾进一步对"河图洛书"中编号进行了阐释："九宫算五行，参数犹如循环。""九宫者，即二四为肩，六八为足，左三右七，戴九履一，五居中央。"（《数术记遗》）总的来说，尽管对于"河图洛书"的具体含义和编码规则存在多样的表述，但它们不仅被视为天文、地理和数学的象征，还代表了古代中国人对宇宙和自然规律的认知。

八卦是一种用符号表示自然和人事变化的系统。"古者，包羲（伏羲）氏之王天下也，仰则观象于天，俯则观法于地，观鸟兽之文与地之宜。近取诸身。远取诸物，于是始作八卦，以通神明之德，以类万物之情。"（《易传·系辞下》）这阐释了八卦乃是一种"通神明之德"和"类万物之情"的象征性符号。组成八卦的符号称为"爻"，分为两短横和一长横两类，象征阴阳两仪；每卦由三个爻互相组合而成，根据阴阳不同，可以构成一组三位数的二进制编码。如果八卦两两组合，每六个爻构成一组六位数的二进制编码，就可以衍生出 64 个不同的卦象，称为"六十四卦"。同时，八卦和卦象的名称及其所代表的含义有很大关联。例如，"乾"卦与星象和天空的变化相关；"坤"卦则代表大地，又象征万物之母；"震"卦代表雷霆的力量；"艮"卦代表山，意味着保护和守护自身；"离"卦则是与战祸相关；"坎"卦大多与捕捉、狩猎有关；"兑"卦代表着国家之间的和谐共处；"巽"卦是"乾"卦的一种变化形式，其卦象含义代表风木。值得注意的是，如果出现四个"巽"卦，则是和顺的意思。

画图，也是古代记载事物的重要方式，人们通过绘制图形来传递信息、表达愿望等。宋代郑樵曾说："书与画同出，六书者皆象形之变。"（《六书略》）他认为书法和绘画都源于同一脉络，六书也都是形体的变化。实际上，中国历史上有许多圣贤画图的传说，如《太平御览》卷九七中记载了"敤首作画"的故事；《世本·作篇》中提到"史皇作图，仓颉作书"；《左传·昭公十七年》中记载了"昔者黄帝氏以云纪，故为云师而云名，炎帝氏以火纪，故为火师而火名；共工氏以水纪，故为水师而水名；大皞氏以龙纪，故为龙师而龙名。我高祖少皞，挚之立也，凤鸟适至，故纪于鸟，为鸟师而鸟名"的传说。《左传·宣公三年》记载："昔夏方有德者也，远方图物，贡金九牧，铸鼎象物。"这表明夏朝有德者以远方图案作为记事符号，以铸九鼎作为象征，通过各种事物的描绘，使人们了解鬼神的存在。远古时期，人们曾将某些动植物视为自己的祖先，形成了"图腾崇拜"的观念。他们将图腾纹作为自己氏族的名字和标志，以此来区别于其他部落。部落之间经常指图呼名，使这些图形或符号与语言结合，而后逐渐造成数百、千种图腾符号转化为文字。因此，裘锡圭先生指出，以象形符号来代表家族图腾，不仅关乎古人信仰，也对表意文字的发展起到重要的推动作用。（《汉字的性质》）

少数民族的画图作用同样得到印证。例如，陇川拱瓦寨的景颇族曾经收集过两幅"鬼桩"的原画。"鬼桩"分为"公桩"和"母桩"，根据当地长者的讲解，"公桩"展示的都是男人需要的物品，比如用来射杀鸟类的弹弓或弹丸工具，或男性的工作种类或环境，如男性管理稻田，"公桩"上便有池塘、沟渠、鱼、蛙、蟹等稻田的象征；"母桩"上呈现的全是女性相关之物，如作为女子钟爱之饰品的项圈和耳环等，以及各种耕地所种的瓜、菜、苞谷、棉花等作物。总之，这些画寓意着五谷丰登和家畜兴旺。

这些描述表明，早期社会中的图腾崇拜与记载事物、社会分工以及对丰收繁荣的期望密切相关。图腾的象征意义与人们的生活、工作和文化息息相关，同时也为后来文字的形成奠定了一定的基础。

四、从原始记事到汉字的产生

在中国的远古时代，人们使用原始的记录方式来满足他们的生产和生活需求。然而，随着社会的发展和交流的增加，这种简单的记录方式已经无法满足人们对准确、完整描述事物和思想的需求。因此，人们迫切需要一种更精确、更完善的工具来记录和表达。基于长期使用各种记录方式的经验，祖先们收集和整理了各种记事符号和图形，并在原有标记方式的基础上创造了更多的符号和图形。这些新的符号和图形可以表达语言的要素，形成了一系列有意义的图形符号，最终成为文字的雏形。

据《史记》记载，仓颉为中国远古时代轩辕黄帝麾下的记事史官，被尊称为文祖仓颉。传说中，仓颉是半神半圣的存在："仓帝生而能书。及受河图录字，于是穷天地之变，仰观奎星圆曲之势，俯察龟纹鸟羽山川指掌而创文字。天为雨粟，鬼为夜哭，龙乃潜藏。"（《黄氏逸书考》辑《春秋元命苞》）仓帝生来就会书写，接过"河图"后，他穷天地变化，创造出了文字。

在此之前，黄帝认为传统的结绳记事方式已不能适应时代的发展，便命令仓颉创造汉字。因此，仓颉在泜水之畔建造了一座小房子，开始专心地研究如何造字。在这一过程中，他受到了一只凤鸟的启发。凤鸟衔着一物从天空中落下，仓颉无法辨别落下之物的印迹，于是向一位路过的猎户请教。猎户辨认出这是山魈的脚印，因为山魈的脚印与其他动物的脚印不同。仓颉听到猎户的解释后恍然大悟，意识到任何事物都有其形态特征，如果能够描绘出来，就可以通过图形来表达其含义。而后，仓颉观察奎星环曲的运行轨迹、龟背上的纹路、鸟兽的爪痕、山川地貌和掌纹等，以物体的形态为基础创造了象形文字，将物体的形状和特征转化为符号来表达意义。

传说中，汉字的产生与仓颉密不可分，故而他被视为中华文化的奠基者，他创造的文字成了后来汉字的奠基石，对文字的发展产生了重要的影响。

第二节　汉字的性质与结构

一、汉字的基本类型及其特点

根据人类语言演进的趋势，汉字大体上可分为两大类型：一类是象形字，另一类是表意字。象形字是直接通过字形来表达字义的文字。它们的字形与所表示的事物或概念具有一定的视觉相似性，通过模拟事物的外形或特征来传达意义。而表意字是一种通过图形直接或间接表达词义的字体。或者说，表意的汉字可进一步分为形象表意和符号表意。形象表意字就是上述所说的象形字，而符号表意字则通过约定的符号或组合来表示字义，而非直接模拟事物形态。我们常说的指事字和会意字都属于这一类。指事字以简化或抽象的符号表现特定的事物或概念，比如"日"字等；会意字则通过将两个及以上单独的符号建构组合，联想或比拟来表示更为抽象的概念或意义，如"好"由"女"字和"子"字组成，表示美好。

表意文字的主要特征有：一是字的形状与意义之间存在密切联系，以形示意，以意喻形。从外形上，不管是直观的图形还是抽象的符号，我们都可以根据字形推断出它的含义，这种视觉上的表意方式使得人们能够通过观察字形来理解文字所传递的信息。二是表意文字的字形并不直接反映字的发音。人们无法从形状推测出字的发音，同一个字形在不同地区可以有不同的发音。这使得表意文字具有超越时代和语言的特点，它们的形式与发音并没有固定的对应关系，因此更适合作为一种书写系统存在。有些学者将其称为"视觉文字"，强调其在视觉上的表意特性。总的来说，它们的形式与发音没有一一对应的关系，这为其跨越不同地域和时代的应用提供了便利。

二、近百年来关于汉字性质的讨论

过去的一百多年里，汉字的属性一直是备受语言学家争论的问题。从 20 世纪 30 年代开始，有学者根据西方对汉字的分类及其特征的研究，重新认识和探讨了汉字的本质，并提出了各种不同的观点。

在那个时期，学术界普遍认为汉字的性质是表意性，并将其归类为表意文字和象形文字。在普通教材和语言工具书中也有例证其表意性。比如《辞海》解释表意文字是以某种系统的符号来表达文字，而不是简单地表达一个单词，而象形字则以古埃及文字、楔形文字以及汉字为例，表明介于形体与音体之间的文字是象形文字。

在 20 世纪 50 年代，学者们认为小篆及之前的字为象形文字，而隶书及之后的字为表意文字。如蒋善国指出，在"隶变"之前，所有的汉字都被归类为象形文字，它们在形状上与其所表示的意义有相似之处；然而，随着时间的推移，汉字的发展出现了重要的变化，特别是"隶变"之后，象形文字整体形态发生重大变化，逐渐失去了原本功能，所以字形出现"分化"和"混同"，标志着汉朝之前的象形文字发生了巨变，而随后的两千多年中，楷书字体开始出现。在此基础上，一些学者提出了新的观点，试图根据不同历史时期的特点和演变过程来重新认识汉字的发展和属性。例如，有学者认为商周文字是以图画式文字为主的表意字。还有学者强调，从春秋中期到秦，此时的文字是以形声字为主的表意字，而从汉代到现代，此时文字是以记号为主的表意字等。

20 世纪 50 年代后期，一些学者在探索汉字发展的一般规律时，重新审视了汉字的本质，提出汉字是意音文字而非表意文字。著名语言学家周有光是第一个提出这一理论的学者。他根据汉字的表现方式划分为表形兼表意阶段、表意兼表音阶段和拼音阶段，并指出汉字是一种既有表意又有表音的文字，将此二者的表现方式结合起来的字称为意音字。

此外，也有学者提出了汉字为表音文字的观点。刘大白曾提出中国汉字是单音节词的表音文字（《文字学概论》）。20 世纪 70 年代后期，一些学者再次提出汉字是表音文字的观点。例如，1979 年，吉林大学古文研究中心的文章《古文字研究》指出，虽然古代汉字从字面意义上是由象形意义演变而来的，但就其发展阶段而言，已经从表意字过渡到表音字。这意味着这种文字不再通过象征性的形式来表达概念，而是通过所表示的音韵来表达概念。事实上，许多学者都认为汉字是表音文字。周大璞以汉字假借现象为依据，提出假借之产生标志着汉字已由象形图形转变为标音符号，标志着汉字发展历程中从象形表意期向表音期转变（《假借质疑》）。崇冈先生也同意表音文字的观点，并主张汉字是一种"有特性的表音文字"。他进一步质疑汉字究竟是以形状还是以声音表示。1984 年，王伯熙先生更是将汉字称为音韵字，认为将表意字与表音字并列是不恰当的。他指出，由于表音字所记录的音节和音位是独立于意义之外纯粹的声音；而所谓的表意字所记载的东西并不是脱离了音节，而是一种独立的、纯粹的意义，它所记载的内容依附于音节。同时，他还认为汉字并不是以音节为单位，而是一种超语种文字，即表词文字，某种意义上是形、音、义的结合体。

20 世纪 80 年代初期，一些学者又提出了不同的观点。裘锡圭先生认为，汉字在初期阶段，即西周之前，本质是一套用意、音（严格来说，应为借音）的书写系统。随着字形、语音和字义的变化，汉字逐渐发展成一种使用意符、音符和符号的文字系统。如果需要为这两个时期的汉字单独命名，那么前一个时期的汉字可以称为"意符"或"意音"，而后一个时期的汉字则可以称为"后意符"或"后意音"。这是因为后一个时期的汉字中，所有的符号都由意符和音符组成。

语素文字是一个涉及语言和文字结构的概念。根据赵元任的观点，"在世界上通行的能写全部语言的文字中，所用的单位最大的文字，不是写句、写短语的，是拿文字一个单位，写一个语素，中国文字是一个典型的最重要的例子"（《语言问题》）。自赵元任首次提出语素文字概念后，国内的学者又开始提倡语素文字说，并对语素文字说做了进一步的讨论。例如，尹斌庸在 1983 年的论文《给汉字"正名"》中提出将汉字明确地划归为语素文字或简称为语素字，并在此基础上提出汉语文法界引入词素概念（即一种语言中最小的音义单元）。外，汉语中的语素以单音为主，当一个语素被单独使用的时候，它被称为单纯词，而当它被组合使用的时候，它被称为合成词（两个及以上语素构成）。例如，用一个语素表达的"鸟"；由两个语素组成的"花朵"。此外，现代汉语使用 5000 左右单音节语素，90% 以上的汉字都是一字一素。综上原因，为更准确地体现汉字作为一种语素文字的特征，尹斌庸将汉字称为语素文字，以反映其在构成词汇中的重要作用。同样，裘锡圭在提出汉字是"意音文字"的基础上，对于词文字和语素文字，表示当前汉字常常只是表示一个语素，而非表示一个完整的词。同时，他也认为音素、音节、语素是一种从低级到高级的语言结构。所以，最后他提出语素 - 音节可被认为一种语言结构，并将汉字定义为"语素 - 音节文字"。（《汉字的性质》）

鉴于此，上述关于汉字属性的探讨前三个方面的研究聚焦在汉字自身的特征，包括字形、字义和字音之间的关系。后两个方面的重点是汉字的语言结构。这些观点和见解丰富了对汉字属性的研究，呈现出汉字在语言层次上的多维性和复杂性。

三、汉字的构成

在汉字的构成上，中国传统分类方法叫作"六书"。古时，"书"既指文字，又指文化知识。"养国子以道，乃教之六艺：一曰五礼，二曰六乐，三曰五射，四曰五驭，五曰六书，六曰九数"，《周礼·保氏》首次提出了"六书"的说法，意为汉字几个方面的知识。随后，汉朝时期有三位学者提出了"六书"的观点。第一个是郑众，提出"六书：象形，会意，转注，处理，假借，和声"（《周礼·地官·保氏》）。第二个为班固，强调"周官保氏，掌养国子，教之六书，谓象形、象事、象意、象声、转注、假借，造字之本也"（《汉书·艺文志》）。第三个是许慎，记录"六书：一曰指事，指事者，视而可识，察而可见，'上''下'是也。二曰象形。象形者，画其成物，随体诘诎，'日''月'是也。三曰形声。形声者，以事为名，取譬相成，'江''河'是也。四曰会意。会意者，比类合宜，以见指为，'武''信'是也。五曰转注。转注者，建类一首，同意相授，'考''老'是也。六曰假借。假借者，本无其事，依声托事，'令''长'是也"（《说文解字·叙》）。由此，"六书"逐渐有了明确界定，指语言文字研究领域。唐兰先生认为，上述"三家"理论同出一源，原因在于《汉书·艺文志》系以西汉后期古文经典大师刘歆《七略》为基础，所以其中"六书"的名称和顺序同样以刘歆为基础；而郑众和许慎的师承也都与刘歆有关，因为郑众之父是刘歆的弟子，许慎的老师贾徽也是刘歆的弟子。尽管"三家"理论在"指事""会意"和"形声"等方面存在着明显的差异，但后来的学者认为，书名的不同反映了个人理解的差异化，同时每部著作的先后顺序也呈现了对于每一种文字的出现时间可能存在着不同的个人观点。后世在阐释"六书"时，多以朱宗莱之主张为准，取许慎"六书"之名，遵照班固"六书"之顺序，即"象形""指事""会意""形声""转注""假借"等。回顾两汉时期的三家观点，唯有许慎对六书论作了明确的界定。因此，我们在准确地把握前人关于六书论的论述之前，需首先了解许慎关于"六书"含义的解读。

首先是象形。通过画出事物的形象来表达其意义，如"日"和"月"字的形状类似于太阳和月亮。"日"字篆文形似太阳，中间有一条短横线，用来填充空白，并无实质意义；"月"字篆文呈弦月形，中间有两道纹路用于装饰。

其次是指事。许慎曾说："一曰指事，指事者，视而可识，察而见意，'上''下'是也。"（《说文解字·叙》）就是说通过直观的方式一眼就能理解，如"上"和"下"字的意义。

再次是会意，指通过联想的方式结合多个单字来表达一个词的含义，比如"武"和"信"字。许慎释"武"字时曾引用一段典故："楚庄王曰：'夫武，定功戢兵，故止戈为武。'"（《左传·宣公十二年》）戢为收敛、停止之意。这段典故是说"武"字原本表示"停止兵器的使用"，即停止战争。因此，将"止"和"戈"两个字合在一起，形成了字形"武"。此外，许慎解释了"信"字的含义是由"人言"的诚实守信而来。

然后是形声。许慎指出："形声者，以事为名，取譬相成，'江''河'是也"。顾名思义，形声是一种以形状和音节结合的方式构成新字，形状部分与字意相关，音节部分则表示发音。许慎认为，"江"的原意是"长江"，从"水"表示河流，为"工"声；"河"的原意为"黄河"，"可"表其音。

另外，转注是将一篇文章进行解释注释的过程，形成一篇独立的文章。正如许慎所说"转注者，建类一首，同意相受，考老是也"（《说文解字·叙》）。

最后是假借，根据音节相似性，借用一个与原意无关的词来表达特定意义。许慎指出："假借者，本无其字，依声托事，令长是也。"（《说文解字·叙》）也就是说，在一种语言中，如果没有一个意义的单词，那么，人们就会根据词汇的读音，找到一个相似的单词，从而表达出单词的意义，比如"令"和"长"。

第三节 汉字的形体

一、古文字

汉字经历了数千年的漫长发展过程，其中包括字形的变迁和字意的演变。这种转变既与时代的变迁相关，也受到地域、书写材质和使用方式的影响。

楷书、草书、隶书、篆书等是历史上不同的字体类型。汉字的字形，指的是各个时期和地区普遍采用的字体形态，也被称为"字体"。通过研究一些重要时期和地区具有代表性的字体，可以更好地了解汉字的演化过程，并揭示汉字发展的规律。在汉字形态发展中，秦隶是一个重要的分界点。以此为节点，我们可以将汉字划分为两个时期：第一时期是隶书之前的古代文字，或称古字，包括甲骨文、金文、大篆和小篆等。这些古代文字在形态上具有各自的特点，代表了早期汉字的发展阶段。第二个时期是隶书之后的字体，包括隶书、草书、楷书和行书等，统称为现代字体，或称今字，其中隶书作为汉字字形发展的重要转折，对后续字体的演变产生了深远影响。

古文字可以按时间顺序可分为"原始文字""殷商文字""西周文字""春秋文字""战国文字"。这些时期的书写材质包括甲骨、金属、陶、玉石、简帛、玺印、钱币等。在字体方面，我们可以根据时代、地域和书写材质进行分类。具体来说，可以将字体划分为甲骨文、金文、六国古文和秦系文。

（一）甲骨文

1. 甲骨文概述

甲骨文作为殷商时期的代表性文字，是目前中国已知最早且较为成熟的一种文字。因其契刻在龟甲或兽骨上，所以被称为"甲骨文"。

商人迷信鬼神，做任何事情都要以占卜为先决条件，其中涉及祭祀、战争、农业、渔猎、出入、风雨、丰歉、疾病、生育等社会生活的方方面面。许慎曰：

"卜，灼剥龟也。象灸龟之形。一曰象龟兆之（纵）横也。"（《说文解字卜部》）意思是，占卜师可以通过烧灼龟占卜吉凶祸福。针对龟甲的裂缝有不一样的叫法，如垂直裂缝叫"兆干"，与"兆干"相交的为"兆枝"。卜筮结束后，卜筮的人依据裂痕的形态来判定吉凶，然后把卜筮的内容以文字的形式契刻于甲骨之上。甲骨文因以预言的记载为主，故又被称作"占卜文字""卜辞"或"贞卜文字"。

甲骨文的首次发现是在今天河南省安阳市城西 5000 米汝水南岸小屯村的"殷墟"。这里正是《史记·殷本纪·正义》所引《竹书纪年》中提及的"自盘庚徙殷，至纣之灭，二百七十三年，更不徙都"的殷都城址。商王朝最初的都城位于山东曹县南部的蒲城，后来经历了几次迁都，最终由第十九代王盘庚将国都迁至殷。秦汉时期，殷都遗址已经变成一片废墟，称为"殷墟"。该区域出土的甲骨文，被称为"殷墟甲骨文"，或称"殷墟卜辞""殷墟文字"。此外，由于大部分甲骨文都是用刀刻而成，故又叫"契文""殷契""骨刻文字"。

甲骨文字不仅存在于殷商，在西周和春秋时期也都有出现。尤其是 1977 年在陕西岐山和扶风之间发现了大量的周文化遗存，其中包括大量甲骨文，引起了国内外学者的高度重视。出土的西周甲骨文称为"周原卜甲"或"西周甲骨文"。甲骨文的研究对于我们了解先秦历史和文化具有重要的意义。

2. 甲骨文的发现

清朝光绪皇帝时期，第一批甲骨文发掘点位于河南安阳的"殷墟"小屯村。罗振玉、罗振常两兄弟为早期收集甲骨文最多之人。罗振常曾讲述早期调查和搜集龟骨的故事：村民在耕种田地时偶然挖出几块罕见大小的有花纹和一些不明颜色的龟甲壳，被当地人称为"龙骨"，带到药店出售。由于采购者可能不买带有刻文的甲骨，很多"龙骨"都被铲削掉刻文来出售，从而被毁掉了。（《洹洛访古游记》）。

而后，随着龟甲壳出土数量的增加，甲骨文通过古玩商的贩卖逐渐传至北京和天津，并引起学界的广泛关注。王懿荣、王襄、孟广慧等人被认为是最早发现和鉴定甲骨文字的学者。光绪廿四年（1898 年），古玩商范维卿将甲骨运至天津，交给学者王襄和孟广慧鉴定。王孟二人认定其上为一种古老镌刻的文字。接下来一年，范某只要带着甲骨到了天津，王和孟都会买一小片，最后剩下的 750 斤甲骨则由王懿荣花高价买来。据《清史稿·王懿荣传》记载，王懿荣一生对金石学非常热衷，涉猎群书，学识渊博。1899 年，他根据御医开出的药方中的"龙骨"，在宣武门菜市口的达仁堂购买了一些药材，发现"龙骨"上的刻文看起来既像篆书又不像篆书，当即派人去"达仁堂"药铺，花费二两银子把所有的"龙骨"都买了回来。王氏及其他学者仔细考证后，对该刻文做了初步的判断，认为是一种存在于很久以前的古代文字。（熙翁《龟甲文》）

中华人民共和国成立以来，西周甲骨文的出土被认为是考古界最重要的成就之一。早在 1954 年 10 月，山西洪赵县的坊堆村就已经发现了西周甲骨；之后，北京昌平区的白浮、陕西西安市长安区的丰镐、扶风和岐山之间的周原等地也都相继发现了西周甲骨。其中，周原的出土数量最多，在岐山凤栖地的两个遗址中共出土了大约 145 千克的西周卜甲。这些甲骨文的体积非常小，只有硬币大小，其上的字也只有粟米粒大，必须用五倍放大镜才能看得清楚，足见刻工之精湛，堪称微型雕刻发展史上的奇迹。西周甲骨文具有与商周甲骨文不同的特征，如具有排列有序且密集的方凿。

3. 甲骨文的研究

自殷商甲骨文字被发现后，许多学者致力于对其进行考证与研究。

古文字学家刘鹗（字铁云）以《老残游记》闻名，而他将自己收集的甲骨文拓本整理成《铁云藏龟》，是最早记载甲骨文拓片的著作。在自序中，他将这些甲骨文称为"殷人刀笔文"。而后，孙诒让于 1904 年根据《铁云藏龟》中所载材料进一步著成《契文举例》。这是对甲骨文字进行考证的首部专著。

其后，人们开始意识到甲骨文的重大学术价值，对其进行研究的学者也日益增多，其中罗振玉（号雪堂，1866 年—1940 年）、王国维（号观堂，1877 年—1927 年）、郭沫若（号鼎堂，1892 年—1978 年）和董作宾（号彦堂，1895 年—1963 年）被学界誉为"甲骨四堂"。

罗振玉字被视为甲骨研究的开山鼻祖。罗振玉的第一项成果是最早发现并确定"甲骨文"的出土地在安阳之小屯村，第二项成果是将甲骨文的年代定为殷商时期，第三项成果是对甲骨文字进行整理、考释，并为其出版、传播提供便利。他所著录的甲骨文著作有《殷墟书契前编》《殷墟书契菁华》《铁云藏龟之余》《殷墟书契后编》《殷墟书契续编》等，在甲骨文研究方面的专著则有《殷商贞卜文字考》和《殷商书契考释》。

王国维最大的功绩是开创了甲骨卜辞的研究历史。1917 年，他发表《殷卜辞中所见先公先王考》和《殷卜辞中所见先公先王续考》，对《史记殷本纪》的记载进行了全面考证，并对一些有误的世系进行了修正。王国维将甲骨文考证与殷商史相结合，为史学开拓了一条新的道路。同时，他还对甲骨文的考释和缀合等做出了重要贡献。

郭沫若在甲骨文的搜集与著录、分期与断代、文字考释、断代与断片等方面有突出贡献，其代表作有《甲骨文字研究》《卜辞通纂》《殷契粹编》。另外，其《中国古代社会研究》一书大量记载了甲骨文字的使用情况，为甲骨文字的科学化研究打下了坚实的基础。晚年，郭沫若还编辑了中国首部关于甲骨文的综合文献《甲骨文合集》。

董作宾曾亲自参与殷墟甲骨的挖掘和整理工作，获得了甲骨文的第一手资料，著有《新获卜辞写本》《殷墟文字甲编》《殷墟文字乙编》等三部著作。其最大功绩是确立了甲骨文的分期理论，并首次提出了以"贞人"为依据来推算甲骨文的年代。他在 1933 年出版的《甲骨文断代研究例》中提出了甲骨断代的五个时期（第一期：武丁及以前；第二期：祖庚、祖甲；第三期廪辛、康丁；第四期：武乙、文丁；第五期：帝乙、帝辛），以及"世系""称谓""贞人""坑位""方国""人物""事类""语法""字形""字体"等判别方法。在他之后的几十年里，其他甲骨学者都按此方法进行研究。

除了"四堂"以外，陈梦家、于省吾、唐兰、胡厚宣、容庚、商承祚、杨树达等学者在甲骨文的研究上也做出了突出的贡献。据统计，迄今已出版的各类甲骨文专著已达 3000 余部。

4. 甲骨文在文字学上的价值

甲骨文是目前中国已发现的最早的系统性文字，在古代文字学和商朝历史的研究中具有重要地位。文史学家高亨曾强调甲骨文的重要性，倾向于从古文字源流开始探究。甲骨文研究既揭示古文字的本真，也帮助诠释金文、籀文、篆文，乃至汉隶、魏碑诸体的变化。甲骨文为我们提供了丰富的、系统性的古文字材料，开创了古文字学和商朝历史的新时代，价值重大，影响深远。

长期以来，许多古文字学家已经认识到《说文解字》中记载的篆文和籀文并非最早的文字，所以试图打破《说文解字》的桎梏，寻找一条新的研究道路。甲骨文的出现为古文字学家打开了一个全新的世界，推动了研究的进展。学者通过对甲骨文、金文和篆文的对比研究，不仅弥补了《说文解字》和金石学上的缺憾，丰富了研究内容，而且为许多科学结论提供了强有力的佐证。譬如《说文解字》从后世汉字中解析得出的"六书"总结，其中许多都通过对甲骨文的研究而得到证实。

甲骨文的研究为构建一个科学的文字系统打下了良好的基础。首先，通过甲骨文的研究，我们逐渐确定了汉字的分类体系。特别是注重对字形的学习，强调对汉字的认识，而非仅对经典著作的再研究。比如，于省武在《关于古文字研究的若干问题》中强调了对汉字的考释，即"以形为主"和"根据汉字的构成而定"。唐兰也提到文字学的研究不仅仅关注在文字的形式。中国文字学将古文字学完全从它自身学科中解脱了出来，将其当作一个独立的学科，以期在之后的研究道路上蓬勃发展。其次，以甲骨文为切入点，探讨其内在规律，揭示古代汉字系统的特征，对于理解汉字的起源和本质，以及促进汉字的科学化发展，具有十分重要的作用。最后，通过深入研究甲骨文，我们可以了解汉字的起源和演变，并将其与后来的金文、小篆、隶书乃至后来的楷书、行书进行对比，揭示它们之间的联系，为研究汉字发展史提供新的途径。可以说，甲骨文研究对于汉字学的科学性发展至关重要。

（二）金文

金文是先秦时代青铜器上铸刻的一种文字形式，也是一种古老的文字。远古时期，人们将祭天作为一种吉祥仪式，因此将作为祭天之物的青铜器称作"吉金"，一些学者也将金文称作"吉金文字"。此外，还有学者把金文称为"钟鼎文"，这是因为在古代金文所刻的青铜中，钟和鼎是最有代表意义的两种器物。古代青铜祭祀器物还通常被称为"彝器"，因此一些学者称金文为"彝器文字"。"金文"一般都是用硬笔画成，然后雕刻在模具上用来浇铸，字迹凹陷的部分称为阴，即铭，代表空白的意思；凸起的部分为阳，又称为识，代表记号的意思，所以金文又被称作"彝器款识"。

根据文献记载及地下考古发现，先秦时期的各个朝代都有带铭文的青铜器。据容庚统计，金文中已认识的文字有 2420 个，不认识的文字约有 1352 个，共计 3722 个（《金文编》）。

1. 商代金文

商代的金文与甲骨文由于所用的材料和工艺的差异，特征有所不同，但它们同属一种文字系统。商代的金文具有端庄而正式的风格，笔画特点是呈块面状，具有很强的图案色彩和原始特征，常用于严肃且正式的场合，是一种正式的字体。相对而言，甲骨文则线条纤细、笔画繁复，显得更加潦草，是常见的通用文字。

目前所见的青铜器最早出现在商朝中期，数量不多，且仅限于两三个文字。商朝后期的青铜器铭文仍然较短，大多只有一个、两个或三个字，记录了兵器主人的姓名、家族以及所祭祀的祖先的名号。这些家族的记载大多来自图腾崇拜，其中最有名的是重达 875 千克的"后母戊鼎"，鼎的底部刻着"后母戊"几个字，是商朝王武丁为了祭奠他的母亲而做的祭品。至殷商后期的帝乙和帝辛时期，开始出现长达三四十个字的铭文，但至今还没有发现五十个字以上的铭文。

2. 西周金文

自武王克殷至平王东迁雒邑（现河南洛阳），时间跨度长达 250 多年。以西周金文为代表的汉字，上承殷商金文，下接春秋战国金文，标志着古代文字的成熟和转折点的到来。西周文字的标准形式为青铜器铭文，已达到鼎盛时期，内容从简单的"记名"逐渐发展到"记事"，百字及以上的文字已成为普遍现象。其中，成王时代的《令彝》有 187 个字，康王时期的《大盂鼎》

有 291 个字，宣王时期的《毛公鼎》有 500 个字。值得一提的是，《毛公鼎》是目前发现最长的青铜器铭文。此外，1994 年在山西曲沃北部赵晋侯墓中发掘出刻有周厉王在位 33 年的编钟，其铭文共有 355 字。这些铭文的内容非常丰富，涵盖了功绩、祭祀、封赏到法律文书等各个方面，比如《利簋》记载武王伐纣的史实，《史墙盘》记载的是先祖的经典文字，《虢季子白盘》记载了蚩尤之战的内容，《盂鼎》记载了关于玉器、皮毛、田地的贸易，《散氏盘》记载了散氏田地之事，《毛公鼎》则记载了毛公对周宣王的感激。

3. 春秋金文

春秋时代，随着王族衰落和诸侯相争，各诸侯国的实力越来越强，齐、晋、楚、秦等国都相继统治过一片疆域，它们的地域文化各具特色，其金文也在字体、版式等方面存在明显的差异。

春秋金文多是由各国王公卿等铸刻而成。在春秋前期，金文基本上都是遵循着西周晚期的体系，在字形上并无太大的区别；到中叶时期，各国的文字样式开始出现明显差异，主要表现在以下几个方面：一是笔直特征。一些地区刻意将每一个字都拉得很长，让整个铭文看起来更具气势。二是具有艺术和装饰的倾向。这一点在江淮吴楚诸国金文中得到了很好的体现，一些字形中间附有块状粗大的笔画作为装饰元素，笔画亦有矫揉造作之感，有时还会加上与文字主体结构不相干的衬线。一些字体甚至将原来的笔画改为鸟形，或者在原来的字体上加上鸟纹，称为"鸟书"。这类字体曾在楚、宋、吴越等国家很受欢迎，常见于枪戈等武器上。江淮地区曾经是东夷和淮夷两大部落的聚集地，所以在这里发现的文字很可能是一种"鸟文"的遗迹。需要注意的是，上述装饰性和艺术性极高的字体只在特定的情况下出现，并且仅限于特定的地方或者特定的物品种类，并非当时金文发展的主要趋势。

总的说来，春秋金文仍遵循着西周时期的发展轨迹，而春秋战国时期的文字则出现了较多的异体现象。

4. 战国时期的青铜器

到了战国时代，秦国和东方各国的文字差异越来越大，形成了两种不同的体系，一种是秦国的文字体系，另一种是六国的文字体系。前者的正体字承袭西周王朝的文字传统形式，注重方折、平直的笔法；后者与西周晚期和春秋时期传统的正体字相比较为不同，这是由于异体字的迅速发展导致的。

（三）六国古文

六国古文也叫"东方六国文字"或"古文"，不仅涵盖齐、楚、燕、韩、魏、赵等六国的文字，还指代东方各国的文字。秦朝统一六国之后，为保证国家的统一，秦始皇下令用秦朝的文字来书写，并取消所有不符合秦朝文字规范的文字，因此六国古文在东方销声匿迹。不过，当时的一些文人依然藏匿了以六国古文书写的典籍，到汉惠帝四年（公元前191年）废除秦朝"挟书令"后，朝廷大收儒家典籍，《春秋左氏传》《礼记·尚书》等数十种珍贵典籍才重新出现在世人面前。

王国维曾言："壁中古文者，周秦间东土之文字也。"（《史籀篇疏证序》）事实上，最初的"古文"是指在汉朝出土的古文经中所记载的文字，而现在人们所使用的"古文"则是对战国时期六国所使用的文字的一种特殊称呼。从文字发展史上来看，六国的文字虽有许多不同的形式，但推动了秦朝文字的统一与变革。如果说，商代的文字是以甲骨文为主，西周和春秋时代的文字是以金文为主，那么，六国的古文则有简帛文、金文、货币文、古玺文、陶文、玉石文，以及《说文解字》和《三体石经》中的古文等。

1. 简帛文

简帛文指使用竹子、木头、布匹等材料，通过篆隶写法书成的文字。"简"是一种细而长的竹简或木条，而"帛"是一种没有上过色的真丝织物。简帛是人类在纸张被发明和广泛使用以前最重要的书写材料。

简帛文的历史可以追溯到商朝。周公曾对殷遗民训诫："唯殷先人，有典有册，殷革夏命。"（《尚书·周书·多士》）"典"和"册"两个字证明在商朝已经存在书籍的形态，其中"典"像是双手捧着一本书，"册"类似一部编织连成一体的竹书。然而，由于简帛文的易腐性和昂贵价值，所以其流传甚微，迄今尚未见春秋时期之前的简牍。

在古籍文献的发现中，有两次事件意义重大。一次是西汉武帝曾在孔子家的墙上发现了一本被称为"古文经"的书籍；另一次在西晋武帝时期，河南省汲县的一座古墓出土了一批被称为"汲冢竹书"的竹简古书。这批竹简曾由官方收藏，后被荀勖和和峤等人整理，经人编撰成六卷的《穆天子传》和编年体通史《竹书纪年》。其中，一小部分文字被收录于《说文解字》和《三体石经》中，另一小部分则早已遗失。现今发现的战国简牍以楚简居多，大多是中华人民共和国成立后出土。例如，1997年在湖北随县的擂鼓墩发现了一座春秋战国时期的古墓群，一号墓出土竹简215枚、竹签2枚，内容属"遣册"，是国内所见最早的竹简文物。

除此之外，简帛也有一些写于丝绸之上，但由于使用价格昂贵的上好材料，使用度并不像普通的纸张那样广泛。迄今为止，仅1942年在湖南长沙东郊弹药库中发现的一张战国时期的楚帛书，现收藏于美国纽约大都会美术馆。据考证，这张帛书为楚国贵族所用的古书籍。帛书分为三个部分，中间是两行书写方向颠倒的文字，一段13行，另一段8行，周围是12段螺旋形的文字，每个字符上附有一个神怪的图案，内容记载伏羲氏与女娲事迹，类似于天文占卜中的"数术"，与《汉书·艺文志》中所说的天文占卜有相似之处，所以楚帛书一般被认为是当时巫师的祷文或占卜类文字。

2. 六国金文

六国金文指春秋战国时期东方六国及其邻国所使用的青铜器上所刻的文字。战国时期已步入铁器时代，远古的青铜器文化逐渐衰落，青铜器作为祭祀器形相较于春秋时期有了很大的改变，同时，青铜器上的铭文数量也大幅增长。此外，兵刃上的铭文一般都是由刀刃直接雕刻而成，而非铸造于兵刃之上。这些铭文起到了"物勒工名，以考其诚"的作用，即记录监督器物的机构、官员和制器人员的姓名。换言之，这种形式的铭文承载了制造和管理青铜器的过程，是对其真实性和可靠性的证明。

3. 货币文

货币文的载体是使用六国文字铸造而成的货币，也被称为"泉文"或"钱"。春秋战国时期，商品贸易繁荣，商邑林立，这对货币的发展起到了推动作用。

春秋晚期开始出现"铸钱"，战国时期"铸钱"成为一种普遍的货币形式，货币形态多种多样。其中一种形式是"布"，由于其形源自农具铲，普遍认为它是为"铲"铸造而成的同音假借字，主要在三晋地区流通；另一种形式是"刀币"，其外形从刀具演变而来，主要在齐燕地区流行；还有一种形式是圆形方孔的钱币，秦国为主要发行者。另外，"金饼"和"蚁鼻钱"多在楚国盛行，前者被称为"饼金"，因其圆形饼状而得名，后者形状与海里的贝壳相似。

4. 玺印文

玺印文是玺印上铸刻的一种文字。在秦朝之前，"玺"只是"印"的统称，大臣的印章也被称为"玺"，但到了秦始皇时期，只有皇帝的印章才能被称为"玺"。目前所发现的先秦印章，多为春秋战国时期的文物。古印分为"朱文"和"阴文"两种文字。"朱文"是凸刻在印章上的文字；反之，"阴文"则是凹刻在印章上的文字。古玺也可以分为两种，一种是"官印"，用来刻记官员的名字和职务，如"平阴司徒""庚都司马右"等；另一种则是私人印章，以人名印章为主。

5. 陶文

陶文是指刻或印制于陶瓷表面的文字。陶文中的"陶"字原本作"匋"，"匋，瓦器也"（《说文·缶部》），后借地名"陶"称之。陶文可以说是众多器物中最为古老的一种。在陶器上刻文的方法可回溯至新石器时代后期。从清末开始，发现的战国时期陶文数量逐渐增多，其中又以河南登封县告成镇数量最多。现存的战国陶文多来自齐、燕、韩等国家，分印章与刻画两种。印陶文的数量很多，其特征类似于印章，使用的印章既有官方印章，又有私人印章。

6. 玉石文

玉石文是指刻或书写在石器和玉器上的一种文字。现在流传下来且有价值的玉石文字材料主要有石刻和盟书两种。其中，盟书是一种古老的宣誓用语。郑玄在为《周礼·司盟》做注时，解读"盟"是将文字写在策论上，然后将动物的鲜血放在上面再将其埋葬。大部分由玉石制成的文物又被称为"玉简"。现存的"会盟书"主要有两个例子：晋国侯马会盟书和温县会盟书。侯马会盟书于 1965 年在山西侯马市出土，材质以玉、石为主，形状多为尖头、平脚、细长的短刃形状，已发掘出 5000 余件，其中可辨认的文字约 650 件。这些文字以毛笔为主，以朱砂为墨，其年代可追溯至春秋后期，也有部分为战国前期。温县会盟书于 1982 年在河南温县出土。

7.《说文解字》和《三体石经》中的古文

《说文解字》收录正篆 9353 字，重文正篆异体字 1163 个，说解凡 133441 字。这些古文主要是从孔壁所藏古文书籍和民间流传而来。《说文》以小篆为说解系统，辅之以古文。古文与小篆在结构上有异曲同工之妙，以重文形式附加在小篆之后，因此《说文》中的古文字应当由"重"和"正"两个部分组成。

《三体石经》刻于三国魏齐王曹芳正始二年（公元 241 年），原文共刻在 35 块石碑上。魏齐王在洛阳城南竖起的石碑上，以古文、小篆和汉隶的形式分别刻录了《尚书》《春秋》和《左传》的部分内容，总字数共计 147000 余字，被称为"三体石经"，也因时代的关系又被称为"魏石经"或"正始石经"。其刻法相较于规整，被许多初学者视作模板。

（四）秦系文字

秦系文字指秦国从春秋到战国时期直至统一六国之后所使用的文字体系。周平王东迁后，秦国迁都大雍，既获得西周土地，也传承了西周文化。所以，春秋战国时期的秦文字与西周文字具有一定的渊源。秦朝把秦文字作为统一国家文字的标准，秦文字就此成为汉字中的正统与主要形式。

1. 大篆

在秦统一中国之前，人们通常将汉字字体称为"大篆"。大篆有广义和狭义两种解释。广义上，大篆指所有的古文字，包括甲骨文、金文和其他古文字；狭义上，大篆指春秋战国时期的秦文字。大篆的内容通过《说文》和春秋金石器物得以流传至今。《说文》收录了籀文、石鼓文、诅楚文以及秦公钟、秦公铸和秦公簋上的金文，这些都是大篆的典型文字。

　　大篆又称籀文,传说是西周晚期周宣王时太史籀所编《史籀篇》上的文字。《汉书·艺文志·六艺略》小学类首列《史籀》十五篇,其注曰："周宣王太史作大篆十五篇,汉光武帝建武时亡其六篇矣。"又说："《史籀篇》者,周时史官教学童书也,与孔氏壁中古文异体。"(《汉书·艺文志》)许慎的《说文解字》根据残存的九篇收录籀文223个,其《叙》云："宣王太史籀著大篆十五篇,与古文或异。"可知籀即史官之名,籀文就是大篆。事实上,《史籀篇》起初所用字体应与西周金文一致,但《说文》所收籀文却与石鼓文和春秋、战国时秦国金文相同,这说明汉人所见《史籀篇》已非原貌。《说文》中的籀文是根据春秋时用秦国文字书写的书籍所抄,字体已由西周金文改为大篆。

　　石鼓文指春秋、战国时期秦国刻在石鼓上的一种文字。石鼓是十块鼓形石头,高约90厘米,直径约60厘米。每块石鼓上刻有一首四言诗,内容主要是歌颂贵族的狩猎游乐生活,故又称为"猎碣"。石鼓最早于唐初在陕西宝鸡天兴三畤原出土,现存北京故宫博物院。按原石推算,石上应有600多字,但经风化磨损,已残缺不全,实存300余字,现存较多的北宋拓本先锋本也仅存491字。石鼓文的一部分结构繁复,近似籀文,另一部分结构相较简单,接近小篆,可以看作春秋战国时期秦国文字的庄重形态,是上承籀文、下启小篆的过渡阶段文字。

　　诅楚文是战国中后期秦国的石刻文字,其内容是祭神时对楚国的诅咒。诅楚文的字体与石鼓文、籀文基本一致,属典型的秦国大篆。原石出土有三块：北宋仁宗嘉祐年间发现于今陕西凤翔开元寺下的巫咸刻石；北宋英宗治平年间发现于今甘肃固原之湫祠遗址的大沈厥湫刻石；亚驼刻石旧藏于洛阳刘忱家,具体来源不明。现今所见最完整的拓本为1944年吴公望根据元至正中吴刊本制作而成,所据亦是原石拓本之覆刻,然三石俱全,各自成文。学者通常依据拓片的大致内容,按祈求神明称号的不同,将秦诅楚文的三块刻石分别命名为《巫咸文》《大沈厥湫文》《亚驼文》。据郭沫若考证,诅楚文是秦惠王后元十三年,亦即楚怀王十七年(公元前312年)的作品,当时怀王引六国之兵倾全力攻秦,惠王乃使其巫祝祈求巫咸、大沈厥湫、亚驼三神加殃于楚师，以胜楚兵，恢复边城。

2. 小篆

小篆是秦始皇在一统中国后为推行"书同文"而颁布的一种规范文字，也被称为"秦篆"。秦朝建立后，将所有与秦文不同的俗体和异形文字统统废弃，仅保留符合秦文的部分，并以此为基础制定了小篆的规范字体。正如许慎所指出的，为改变战国时期"言语异声，文字异形"的状况，"秦始皇帝初兼天下，丞相李斯乃奏同之，罢其不与秦文合者。斯作《仓颉篇》，中车府令赵高作《爱历篇》，皆取史籀大篆，或颇省改，所谓小篆者也。"（《说文解字·叙》）李斯等人上奏秦始皇，以秦国文字为基本，吸收六国字形，总结出一种新的字体小篆，随后编写了《仓颉篇》等书法标准在全国各地推广使用。

现今所见的小篆书，除了《说文》所存的 9353 个外，在秦朝刻石上也有展现。秦始皇统一天下后，曾经巡视峄山、泰山、琅琊、芝罘、东观、碣石、会稽等地并立下石刻，赞颂自己的功绩。秦二世又到各处巡察，并在石碑上刻下圣旨和随行大臣的名字。目前，泰山刻石与琅琊台刻仍有残存，据传每一块石碑刻字都出自李斯亲书的小篆。

秦始皇在推行小篆书法的同时，还对古文字进行全面的整理、加工、修改，首次实现了文字的规范化，迅速结束了长久以来"文字异形"的局面。这对于加强汉字的社会性功能，促进国家统一与民族团结，推动社会经济与文化的进步都极具重要意义。从汉字发展的角度来看，小篆是古代汉字与现代汉字之间的最后一个关卡，研究古代文字或探索汉字起源离不开小篆，足见其地位之关键。

二、今文字

今文字又叫今字，指秦代之后所用的字体。今文字有四大类：汉隶、草书、行书、楷书。西汉以隶书为主，草书为辅，东汉后期出现了行书，再至魏晋时期出现了楷书。

（一）隶书

隶书是汉字自战国以来出现的一种新文字形式，包含了点、横、竖、撇、捺、钩、折、挑等组成今文字的普遍笔画，逐步代替了篆书的笔法。

隶书是人们为了方便书写而创造的。由于正式的篆书线条复杂，有很多的圆润和弯曲，书写起来费时费力，因此在非正式场合，人们为了简化书写，将原本圆润的弧线改成相对平直的笔画。"隶书者，篆之捷也"（《晋书·卫恒传》引卫恒《四体书势》），"秦既用篆，秦事繁多，篆字难成，即令隶人（指胥吏，即办理文书的小吏）佐书，曰隶字"（卫恒《四体书势》），可见隶书的出现是为了适应官吏繁杂的文书办理，因此被称为"隶字"。班固《汉书·艺文志》同样认为隶书是为了公务书写便捷而发明："是时始造隶书矣，起于官狱多事，苟趋省易，施之于徒隶也。"因为"徒隶"工作很多，写小篆很费时费事，便创造了隶书。卫恒的《四体书势》还记载了发明隶书之人是一名叫程邈的衙吏："或曰下杜人程邈为衙吏，得罪始皇，幽系云阳十年，从狱中改大篆，少者增益，多者损减，方者使圆，圆者使方。奏之始皇，始皇善之，出为御史，使定书。或曰邈定乃隶字也。"隶书打破了篆书的桎梏，最先在民间流行起来。作为一种辅助书写体，隶书也被称为"左书"或"佐书"。

按照发展时期，隶书可划分为"秦隶"与"汉隶"。秦隶是从春秋战国至西汉初流传下来的一种尚未成熟的隶书，是与篆书并驾齐驱的字体。秦隶结构大部分衍生自篆书，所以很多字带有浓厚的篆书风格。汉隶，亦称今隶或八分书，是以秦隶为蓝本，在其基础上进行加工、改造、美化而成的一种具有独特风格的新字体。至昭帝宣帝时期，汉隶的发展达到了一定程度，并逐渐形成了一种规范且正式的标准字体，可以说是现代汉字的起源。与秦隶相比，汉隶最显著的特征是用笔方式的差异。秦隶可以视为一种简化的篆体，很多字带有浓厚的篆书风格，字体结构也大部分衍生自篆书，隶书特色的波浪线条的力度并不强烈；汉隶则将直线的笔画变成波浪形，每一个字都采用了"挑法"，每一笔落下都有一种向上的顿挫感，书写方式上已经很难看到篆书的痕迹。

对汉隶被称为"八分书"的原因存在不同观点。唐代张怀瓘认为汉隶是一种曲折的分法，"渐若八字分散"（《书断》），故名八分。他还引用了王献之的观点，认为"八分"是书写的标准，八分字指的是方方正正的字形。现代汉字研究认为，汉隶字的变形是从篆体逐渐演化而来，隶化过程将篆书中残留的图形意义完全抹去，使得汉字不再与形状和意义相结合，成为一种"不象形的象形字"，即近代汉字的构形。

隶变是汉字历史上最重要的变化之一，也是中国古代与现代文字之间的一道分界线。隶变使汉字由繁化简，由难变易，实现了"解散篆体"的突破，为后续汉字"解散隶体"而创行楷书打下了基础。由于汉字在形态上的巨大变化，其形态与意义之间的联系已经非常模糊，甚至有些已消失殆尽。因此，要理解某个文字的形态与意义，就需要从其古代文字最初形态入手。正由于"由形见义"变得更加困难，所以人们不得不在一些难以由形见义的字上加上一个"形"或"声"，这就不可避免地导致了大量形声字的产生。自汉代以来的形声字的大量产生，与汉字形态的隶变有着密不可分的联系。

（二）草书

草书是汉字中一种方便快速书写的字体。草书的特点是结构简省、笔画连绵。东汉时期的崔瑗在《草书势》中指出，草书"用于卒迫"。

草书通常分为有三类：章草、今草和狂草。章草是指汉朝时期草书的总称，是由隶书演变而来，因此不可避免地带着浓重的隶书气息，并保留了其特有的波状起伏线条，以及横画上挑，左、右、起笔、收笔的笔法。梁武帝萧衍在《草书状》中指出"昔秦之时，诸侯争长，简檄相传，望烽走驿，以篆隶之难，不能救速，遂作赴急之书，盖今之草书是也"，认为草书起于实用，为应急之需而制。"章草"之名的来源有很多说法：一种说法认为因东汉章帝喜爱和重视此书法而得名；另一种说法认为，"章"意为"程式""法式"，所以章草是需符合程式和法式的草书；还有一种说法认为来源于西汉元帝时期史游所作《急就篇》。章草从西汉开始流行，在东汉、西晋时期兴盛，直到东晋中期渐衰。草书的发展中涌现了不少书法家，汉代有崔瑗、杜度、史游、张芝、崔瑗、罗晖、赵袭；三国时期有吴国的皇象；西晋时期有索靖；东晋时期有王羲之、王献之；元朝有赵孟頫等。现存的章草书有：《急就篇》（史游）、《千字文断简》（汉章帝）、《秋凉平善帖》（张芝）、《平复帖》（陆机）、《出师颂》（索靖）、《黄帝阴符经》（黄帝）等，并都有独特的风格和特点。《说文解字》认为章草"存字之梗概，损隶之规矩，纵任奔逸，赴速急就，因草创之义，谓之草书"，也就是说，章草突破了隶书的条理性，只保留了字形，从而达到"急救"的速度。值得一提的是，章草体的笔画大都不连在一起，与后世的"今草"书体有很大区别。

今草是以章草为基础，结合了楷书的特点而成的一种风格。据传今草的起源可追溯到东汉时期的张芝，后世把他称为"草圣"。张怀瓘认为："草之书，字字区别，张芝变为今草，如流水速，拔茅连茹，上下牵连，或借上字之下而为下字之上，奇形离合，数意兼包。"（《书断》）随后，王羲之、王献之等人以楷或行的形式对草书进行改造，诞生了独具风格的"今草"。今草已经完全没有了隶书的特点，也没有了"八分"的风格，其特色在于："字之体势，一笔而成，偶有不连，而血脉不断，及其连者，气脉通其隔行。"（张怀瓘《书断》）今草的每一个字都是连贯的，像是一个整体，字体也不像章草那样一板一眼，而是大小不一、长短各异、圆方相间，随意变幻。"血脉不断"指对点画结构形态的字势的连贯性和速度感。现存的今草书法中，最具代表性的当属王羲之和王献之的经典作品。

狂草是在唐朝出现的一种草书，相比今草，它的风格更为随意和自由。《冠军帖》（又名《知汝帖》）是最早的狂草风格作品，据传为东汉张芝之作，但颇多争议。狂草的最大特点是"狂"，写出来行云流水，形态如龙飞凤舞，一气呵成。它可以简省意境，随心所欲，也不拘泥于字与字之间的距离，给人一种奇特的感觉。由于草书的字形非常简化，一般人难以读懂，因此没有得到广泛使用，但狂草对汉字的结构产生了很大的影响。狂草的代表性人物是张旭和怀素。

（三）楷书

楷书是由汉隶逐步发展而来的一种字体，产生于汉末，盛行于魏晋南北朝，在隋唐时期完全成熟，并一直沿用至今。楷书又称为"正书"，代表了汉字标准整洁的样式。宋代吴明认为："在汉建初有王次仲者，始以隶字作楷法。所谓楷法者，今之正书也。于是西汉之末，隶字石刻间染为正书。"（《宣和画谱》）由此可以推断，楷书在汉末已经出现雏形。著名楷书作品有三国时期魏国钟繇的《宣示表》、东晋时期王羲之的《乐毅论》等，其中钟繇被称为"楷书之祖"，王羲之则被尊为"书圣"。汉代以来的石碑基本都是以隶书为主，但也有一些隶书已经显露出了向正楷转变的征兆，比如三国时期刊刻的《谷朗碑》。北魏时期，楷书因含有隶书元素，有别于后来的唐碑，又称"魏碑体"。因此，有人认为西晋时尚无成熟楷书。唐朝时楷书达到了极其繁荣的阶段，完全无隶书的风格痕迹，成为一种成熟的新字体。唐朝涌现了许多著名的书法家，如欧阳询、虞世南、李邕、褚遂良、薛稷、颜真卿、柳公权等。赵孟頫、颜真卿、柳宗元和欧阳询并誉为"楷书四大家"，他们各有独到之处，将楷书的发展推至新的高度，其楷书被誉为"赵体""颜体""柳体""欧体"。如今学习书法大多是从临摹他们的作品开始，现代流行的楷书也是由唐代书法发展而来的。

楷书最显著的特征是改变了隶书的挑法，采用了顺直、清晰、易于辨认的笔画形式。楷书将原本扁平的汉隶改为瘦长形，使得笔画更加工整美观。相比隶书，楷书的笔画形式更加丰富，增加了一些基本笔画，如斜勾、方折等。从楷书开始，汉字的规范化进一步提升，逐渐成为各个朝代正式使用的标准字体。同时，楷书也成为现代报纸、书刊等印刷品上主要采用的字体。楷书的规范性和易读性使其成为广泛应用的字体，并且在书法艺术中扮演着重要的角色。

（四）行书

行书是一种既有正体特点又有草书特征的书法。行书作为一种书法形式，可以追溯至东汉和魏晋时期。古代的书学理论多有对行书创制和特征的论述。

例如："行书者，乃后汉颍川刘德升所造，即正书之小讹，务从简易，故谓之行书"（张怀瓘《书断》）；"夫行书非草非真，离方遁圆，在乎季孟之间，兼真者谓之真行，带草者谓之行草"（张怀瓘《书议》）；"自隶法扫地而真几于拘，草几于放，介乎两者之间行书存焉"（《宣和书谱•行书叙论》）。可见行书是介于楷书和草书之间的书法形式，其中与楷书更接近的行书被称为"真行"或"行楷"，而与草书更接近的行书被称为"行草"。行书的特色是在保持楷书形体轮廓的基础上，适当使用草书的连笔减少笔画，但每个字都要保持独立性，从而既有明确的形体结构，又使书写更加轻松、快速，笔法也更加灵活。

不同时代有不同的行书特色，不同书家亦有不同的行书风格。对于行书的最早形成，除张怀瓘《书断》认为行书为后汉颍川刘德升所造外，卫恒《四体书势》亦称"魏初，有钟、胡二家为行书法，俱学之于刘德升，而钟氏小异"，可惜刘氏的行书作品已不存世。钟繇的《墓田丙舍帖》是目前流传最久的一幅行书作品。西晋时期，一名书学先生把钟繇和胡昭的行书传授给弟子，从而使行书风靡开来，其后涌现出许多书法大家，如王羲之、王献之、欧阳询、虞世南、褚遂良、薛稷、李邕、颜真卿、苏轼、黄庭坚、米芾、蔡襄等。其中，王羲之的书法造诣高超，笔法精妙，笔致飘逸，其作品《兰亭序》被称为"行书第一"，据传真迹已埋入唐太宗陵寝。颜真卿的《祭侄文稿》以苍劲有力、神韵飘逸而闻名，被誉为"行书第二"。除此之外，王羲之的《快雪时晴帖》、颜真卿的《与郭仆射书》和米芾的《苕溪诗帖》等都是著名的行书作品，展现出独具特色的丽秀之美，达到了既生动鲜活又不过分激越的艺术境界。

第四节　汉字文化在传统文化中的传承

文化构建了一个国家和民族的精神家园，体现着国家和民族的价值取向，引导着民众的进取之心。文化本身是来源于劳动生活并运用到生活中的一种特殊产物，它在反映历史现象的同时，也积淀着社会历史。中国文化能够以古文、古诗、成语等多种形式流传至今，离不开汉字文化，汉字传递着中华民族的悠久的历史记忆，凸显着历史的绵长，祖先思想的高瞻远瞩使得中国传统文化被许多国家视若珍宝。

随着传统文化的世界化，外国文化及精神逐渐渗透到国内，许多年轻人过洋节、吃洋快餐、模仿外国人的放纵和自由，目无尊长，崇洋媚外，有的国家甚至公然抢夺中国的传统文化节日。反观国内，近年来对节假日的压缩使传统节日味道变淡，有的学校甚至在放假通知上明确引导学生淡化甚至摈弃中国的传统节日。中国传统文化面临着内外危机，弘扬迫在眉睫。许多自称是传统文化的传播者开始借此大做文章，有的甚至离经叛道，偏离了正途，利用传统文化之名行非法牟利、扭曲人性之举，妄图以封建思想腐蚀中国文化，窃取优秀传统文化的果实。站在哲学的视角上，明确辨析传统和优秀传统文化之间的对立统一关系，从领略汉字之美感、参悟构词之规律、感受文字之精准、传承传统文化等多方面综合考量，清醒客观地追溯汉字文化的源头，深刻领悟汉字文化对传承中华优秀传统文化起到的重要作用。

一、从汉字之美领略传统文化的精魂

中国文字的历史源头，大都认为源于仓颉造字，近年来发现的"图画""结绳""书契"和"八卦"等记录方式，经考古学家研究认定是古人在汉字诞生以前使用的，也印证了汉字始于画图记事的事实。汉字凝结着劳动人民的智慧，经历了千年的发展，逐渐衍生为现有文字，又因书法的流传和推广，最终以艺术品的形式展现在大众的视野里。

（一）汉字自然的形态美

象形文字是文字的祖先，人们用线条或笔画表达物体的外形特征勾画出来图画表示具体的文字，是世界通用的一种最原始的造字方法，从最简单的图画和花纹演化成中国的甲骨文、石刻文以及埃及的象形文字、苏美尔文、古印度文。

甲骨文是目前我国文字考古历史上发现的最古老且成熟的文字。中国甲骨文的象形字"人"已经具备了直立行走的基本特征，盘坐在地环抱手臂的"女"字也凸显了母系氏族的本质和天性，张开手臂的"子"真如一个晃头晃脑蹒跚学步的孩子……"日"呈现出圆满在天之象，弯弯的"月"是月亮更多时候的模样，"马"尾下垂，"虎"尾上扬，"犬"似夹尾，"象"字长鼻，象形文字展现出来的特征，是人们直观感受下的形态。中国文字源自象形，经过数千年的演变，也还保留着象形的特征。

会意文字解决了象形文字的局限性，拓展了象形文字的创造力。

（二）汉字天然的音韵美

新文化运动时期，为了更好地推行白话文，刘半农、钱玄同等一批语言大师，推进了汉字改革，形成了早期的汉语音标，后在语言学家周有光老先生的倡导下，诞生了拼音，方便人们纠正熟读误写的汉字，同时在操作电子产品时也能更加准确便捷地录入。央视的一档语言类节目，某外国留学生提议用拼音代替汉字的书写，主持人撒贝宁诙谐地回复道："今天下雨路很滑，我骑着自行车差点摔倒，幸好我一把把把把住了""小龙女来到杨过曾经生活的地方，深情地说：'啊！我也想过过过儿过过的生活。'"同一个"把"字反复出现，却不影响清晰地表意，这绝对不只是多音字发音上的改变能实现的。多音字的创造和使用，丰富汉字意义的同时，制造了独特的音韵美感，也在一定程度上传递着中国文化。

多音字的产生，在汉语中承担着区别词性和词义的作用，如"处（chǔ）"字作动词，译为"停留，止息；住，居住；闲居，隐居；相处；处置，处理"。"处（chù）"作名词，表示"处所，地方"。只有准确理解了中国文字的意义，才有资格研究中国文化。

文言文传承的多音字因为使用情况的改变，读音也会发生改变，用法作用也会不同。如"薄（báo）饼"中的"薄"，通常指不厚，多单独使用；"薄（bó）礼"中一般用于合成词；"薄（bò）荷"即是专有名词。有些字在口语和书面语中的读法也有所不相同，典型表现为"给予"，口语中读作

gěiyǔ，在书面语中读作 jǐyǔ，用于传递抽象事物。

还有一些文言文中的通假字，用作姓氏地名等形成的多音等延续使用。

（三）汉字演绎的故事美

中国字的形象体现着祖先的智慧，不同于西方的字母，当方方正正的汉字呈现在人们眼前时，往往演绎的是一段故事，陈述的是一段历史，一种情怀。

（四）汉字寓意的哲学美

有人说，汉字是有生命的，它从诞生开始天然具有表义性，在保证自身独立性的同时，也在个体中蕴含着智慧和哲学。

1. 造字的寓意美

流传千年的汉字文化，在汉字的进化过程中，时时处处体现着智慧。通过指事和会意诞生的文字相较象形文字有了意义上的深入，反映了祖先对自然界的动态意识，通过对相近相关类别的归纳，形成了独具意义的形旁声旁，组合成了形声字。并且在使用中对其音和意注入了转注和假借的深层含义，尽管经历千年的传播和演化，有些词语的意义融合或扩大，都没有影响现代人对其进行研究的兴趣。如现在常用的名词"疾病"在古代就有着不同的含义，古人将小的病痛称作"疾"，卧床之病才叫"病"。"疾"的甲骨文造型像个腋下中箭的人。本义指伤病、外伤，由于"疾"字中的"矢"表示弓弩，有迅速、急速之意，所以"疾"字在使用过程中引申出快、急之意。古人认为受箭伤或生病是十分痛苦的事，因而引申为"痛苦"，扩大痛苦的外延引申出祸害、缺点、疾苦、憎恶、担忧等义。古人惜墨如金，能一言以蔽之绝不赘叙。

2. 偏旁部首的象征美

个别传统文化传播者讲到中国汉字时，以"冫""氵""灬"为例，称其所差的一个点，表示的是温度的不同。严格意义上讲，在偏旁部首表中，他们的名称是"两点水""三点水""四点"："冫"由甲骨文的"冰"演化而来，常见的字有冷、冰、凉、清；"氵"与水有关，常见于江、河、湖、海；"灬"与火有关，常见字有蒸、煎、煮、熬、烹。它们承载着甲骨文表意的使命，而这一个点不能绝对的代表着温度的变化。正如"月"旁的，也叫"肉月旁"，以"月"为偏旁的许多字如"脸肝脾胰脏腰腿肚肾"虽都与身体部位有关，但也不可绝对而论，否则如"朋"这般的假借字就会失去自我。每一种成熟语言的背后都是历史，是其独特的民族性的体现，语言是属于民族更是属于一个时代的，文字记载着历史，更传承着信念。

二、从汉字构词探寻传统文化的神奇

精通外语的人在学习的时候通常最先掌握的是学习词语的窍门。以英语学习为例，单词除了背诵，掌握构词法也在一定程度上有助于扩充词汇量，但是许多英语单词，只在构词上理解往往面目全非，比如英语单词"fly"可以译为"飞翔"，也可以译作"苍蝇"，和"dragon（龙）"组合，就成了"dragonfly（蜻蜓）"，词语本身的意义被弱小化。

汉字本身的表意性会在学习过程中刺激学习者在头脑中自觉建构属性归类，因而汉字名词的组合多指向文字之间的相关性。"买卖"的"买（買）"传承着一种"用网捕获进行交易从而获得财富"的劳动观念；把"网"看成渔网，寓意物品买卖像水流的流通性，汉字马上就变得立体灵动了。"病痛"两个同为"疒"部的字合在一起，就能传递出"身体不适"之感；"吃喝""哼叫"会让人联想到嘴的功能，即"将食物放进嘴里"，或者是发出的声响。

词语在长期的使用中，精简出了成语、谚语、俗语等一系列词语的固定形式。当人们把两组表示同义、近义或者反义的词语放在一起，运用到成语中，无论是三字四字的成语还是多字成语，都需要结合修辞手法以及词语的结构关系进行研究，从成语的来源或典故研究其含义，如"鳞次栉比"按照字面的意思可将其拆解为"像鱼鳞样地排列"和"像木梳齿一样整齐"，比喻修辞的运用丰富了想象，更一目了然地加深了形象感。

成语的释义不是词义的简单相加，研究成语要结合中国的传统文化。如"明日黄花"，常被曲解为明天的黄花而词语误用，字典里对其解释为"重阳节后的黄菊花，比喻过时了的东西"。出自历史故事的"门可罗雀"字面意思可理解为"门外可张网捕雀"，后形容门庭冷落、宾客稀少。诚然，人迹罕至自然虫鸟不惊。简单地从字面推断就有失偏颇，这也正符合中国传统文化教育人的理念，看问题不能只能停留在表面，还应在逻辑层次上向更深更广处探索。除此之外，像"热锅上的蚂蚁""士别三日，当刮目相待"这样的成语又展现了成语的形式多样性。

有些商家和网络经营者为博人眼球，对中国成语谐音改义，弊大于益，误导了青少年的同时，失去了成语的本来面貌，糟蹋了千年的民族文化。为了根除滥用成语的现象，我们必须从自身做起，合理抵制滥用现象，弘扬文字文化，维护传统文化的延续性。

三、从用字的推敲感受传统文化的严谨

随着网络媒体的兴起，一些假文人也混入了所谓的教育者行列，错读古诗精粹，更有甚者诵读《过华清宫》qí/jì 不分，因而不能正确解读"一骑（jì）红尘妃子笑"，误导大众。古人用字精当，善于推敲。贾岛作诗时为描写夜色清幽，反复品读"推"和"敲"营造出了不同意境，几经斟酌最终推翻"推"字的孤独之感，选择使用"敲"字，足见用字的严谨。文学史上像贾岛这样的"苦吟"诗人还有很多，从"笔落惊风雨，诗成泣鬼神"的杜甫，到"春风又绿江南岸，明月何时照我还"的王安石，再到鲁迅先生笔下的祥林嫂。鲁迅先生用一系列动词将沦为乞丐的祥林嫂的被世界抛弃后的艰难和可悲传神地展现在读者眼前。

汉字中诸如"定金"和"订金"的同音词，只一字之差，在法律效力上就天壤有别，曾经有人就吃了误用的官司并为此付出了代价。中国周边的许多国家的重要史料都是使用汉字记录并流传的，尽管这些国家在进化过程中都形成了自己的文字，甚至一度想在本国境内消灭汉字，但自身表音文字的局限性造成了诸多麻烦也让他们意识到汉字的严谨性，所以，身份证和古籍等重要信息仍以汉字记录，足可见汉字在传统文化史上的重要性。

四、从古人的思想参悟传统文化的深远

古人将美好的信念蕴含在名字中，渗透在骨髓里。复旦大学校名中的"旦"

字，甲骨文写作，下面的地平线，托起新生的太阳，寓意"太阳升起的一刻"，古人用"日月光华，旦复旦兮"称颂赞扬尧舜禹禅让之美德。旦指太阳的诞生，同"坦"表袒露，预示"太阳出来，大地现身"，引申有"平坦"之意。古人认为黑夜里囚禁了太阳，太阳经过激烈的搏斗艰难地再度升起，这种执着向上，奋发进取的精神始终鼓舞着人们。清末有个叫马相伯的神父1905年初筹建公学，受"旦复旦兮"的启发，给新学堂取名"复旦"，寄托恢复震旦和复兴中华的自强不息之意。

中国的传统文化传承祖先的宏远的志向，更教育人们知君臣、懂节制、无僭越，恰如方块字的约束，自由洒脱却不逾矩，将规矩礼仪在字词间运用得恰到好处。对人或事的评价标准也有着相字的习惯，常用"字如其人"评价人与字之间相互衬托的关系。中国文人字字珠玑，写文章如此，说话也如此，中国传统讲究"以人为本""以和为贵"。根据场合、身份、地位的不同也有多种自称：愚（愚见）、鄙（鄙人）、敝（敝人）、卑、窃、臣、仆、敢（敢请）、拙（拙作）、小（小弟）、家（家父）、舍（舍弟）、老（老夫）等。谦辞和敬语的传承是泱泱礼仪之邦的宝贵财富。

中国是四大文明古国之一，依靠传统文化的精神内涵成为唯一一个没有中断历史和文明的国家。传统文化经历了时代的变革，也经受过诸多文人偏执的认定，能够延续至今，体现着文化适应世界的强大生命力。在国家的治理、政治的接洽、军魂的塑造等重大问题上，"仁、义、礼、智、信、忠、德、悌、节、恕、勇、让"的精神，向世界展示着中国勇而有义的高尚情怀；在日常生活、文化历练上，结合着诸子百家的思想，渗透熏陶着人民生活的同时传承了祖先的智慧。1921年4月，在厉麟似的努力下，首个以中国传统文化为主要研究对象的学术组织——景星学社在德国诞生，标志着中国传统文化开始为西方主流知识界所接受并对其产生实质性影响。

文字传承着中国文明的同时，反映民族风貌，是中华民族的精神命脉。丰富的民族文化孕育了汉字文化，只有认清了汉字文化才能进行深入中国文学的鉴赏，才能感受到文字背后的精神世界，才能打开自身格局，了解最基本的需求，探索人性的追求，才可以用祖先的智慧警醒指导后辈的言行。这就需要文字工作者从时代的角度出发，用比较的眼光审视问题，继承、借鉴世界文化的同时对中华优秀传统文化进行辨识，以身作则，推广中国汉字文化和语言文化，使中国语言世界化，以此提高国民的思想认知，提升民族自豪感和自信心。

第五章　中华优秀传统文化的基本精神

第一节　中华优秀传统文化基本精神的主要内容

在过去的数千年里，中华传统文化的基本精神一直对中国文化的发展起着积极的引导作用。中华传统文化既丰富又博大精深，其基本精神也并非单一的一种，而是综合了多种因素的意识形态系统。对于中国文化的基本精神，不同文化学家有着不同的表达方式，但下面这些观点得到了普遍的认同。

一、刚健有为、自强不息的精神

中华传统文化体现出来的刚健有为、自强不息的精神主要呈现在儒学的理论以及中国人民社会实践与精神状态这两方面。"自强不息"出自《周易·乾卦·大象传》："天行健，君子以自强不息。"在《周易》的文本阐释中可以发现，乾卦代表着天，天道广而无私、孕育万物、生生不息，君子就应该师法天道，努力奋发向上，永不停止，即"自强不息"。最初，自强不息仅代表了个人品质的要求，为人的道德修养树立典范，主要指的是君子人格应该刚健有为、积极进取，如同"天"一样生生不息地奋斗，致力于人格完整的培养，实现精神、价值观的超越。"刚健有为"是人们处理天人关系和各种人际关系的总原则，是中国人的积极向上的人生态度的最集中理论概括和价值提炼。作为中国早期文明的代表，《尚书》和《诗经》中都蕴含着一种坚韧不拔、勇往直前的进取精神。例如，《尚书》中的《尧典》赞颂先君

"克明峻德，以亲九族"，《无逸》劝勉成王忠于职守；《诗经》中的《公刘》和《生民》则描述了周部落刚刚建立时的艰辛。

春秋战国时期，孔子是第一个明确地提出"强者"概念的人，也是亲身实践"强者"的人。他提出"刚、毅、木、讷，近仁"（《论语·子路》），认为刚强、坚毅、朴实、话少四种品德接近于仁，并对"三军可夺帅也，匹夫不可夺志也"（《论语·子罕》）的品格给予了高度肯定。孔子认为，坚韧与有为是密不可分的，一个有志向、有德行的人应该具有一定的历史责任感和时代使命感，正所谓"不知命，无以为君子也"（《论语·尧曰》）。因此，他的学生曾子提出读书人应该"弘毅"："士不可以不弘毅，任重而道远。仁以为己任，不亦重乎？死而后已，不亦远乎？"（《论语·泰伯》）孔子还极度鄙夷好吃懒做、游手好闲的生活态度，自己也践行"发愤忘食，乐以忘忧，不知老之将至"。孔子的"有为""自强"之道，也被孟子和荀子传承。孟子提出"养浩然正气"（《孟子·公孙丑上》），荀子则提出"制天命而用之"，都表现出一种自强不息的精神。

《易经》中对刚健有为的最典型表达是"天行健，君子以自强不息"。宇宙的运转是永无止境的，这就要求人们积极进取、勇于进取。相应地，墨家提倡"非命"和"尚力"，法家则提倡"争于气力"，都具有很强的生命力。明清时期，"健动"思想得到了一大批唯物思想家的大力推广。王夫之主张"健"为人生之本质，"动"为人生之功能，亦为人生之支点，把"健动"作为至高无上的原则。颜元同样深明"健动"的道理，他说："三皇五帝，三王周孔，皆教天下人以动之圣人也，皆以动造成世道之圣人也。五霸之假，正假其动也。"（《颜元集·存学编》卷三）在他们看来，坚韧不拔、自强不息的民族精神对于推动社会进步、国家富强、文化兴旺起着举足轻重的作用。中国文化中的不同学派、不同时期对这种文化精神的颂扬，使之全面渗透到人民生活的各个方面，以下几个方面可以体现出这种精神。

（一）生命价值的取向

风骨是文学文本中想要表述的重点，从一个国家或者民族的精神风貌层面来说，当国家处于繁荣兴旺、昂扬向上的盛世时，人们也会充满一种建功立业、雄心壮志的风骨。汉唐士卒积极戍边的风骨在诗歌和文章中都有体现：有"匈奴未灭，何以为家"（《史记·骠骑将军列传》）的豪情，有"寰宇大定，海县清一"（李白《望庐山瀑布》）的雄心，有"请君暂上凌烟阁，若个书生万户侯"（李贺《南园十三首》）的壮志。在国家危难、外敌入侵的危急时刻，这种精神又始终鼓舞着人们奋勇反抗侵略和压迫，如岳飞"精忠报国"的英雄气概，文天祥"人生自古谁无死，留取丹心照汗青"的视死如归。气贯长虹的自强精神在中国历史上留下了太多令人感慨万千、赞叹不已的故事。

从个体人格的独立以及生命价值的实现来看，这种"刚健有为""自强不息"的民族精神，又体现在面对强豪时的不屈精神，绝不与恶势力为伍的正义精神，或是遇到挫折时奋发图强、绝不气馁、始终追求理想的坚韧精神。正如司马迁说的那样："盖西伯拘而演《周易》，仲尼厄而作《春秋》；屈原放逐，乃赋《离骚》；左丘失明，厥有《国语》；孙子膑脚，《兵法》修列；不韦迁蜀，世传《吕览》；韩非囚秦，《说难》《孤愤》；《诗》三百篇，大抵贤圣发愤之所为作也。"（《报任安书》）

然而另一方面，中华传统文化中也有与"刚健有为""自强不息"形成鲜明对比的一面，即"主静尚柔""涵虚无为"的价值取向。先秦时期以老子为代表的道家，就提出了"致虚极，守静笃"（《道德经》第16章）。庄子也提出了"天地与我并生，而万物与我为一"（《庄子·齐物论》）的理念，并以"坐忘""心斋"等修行方式，使人达到"形若枯骨，心若死灰"之境。自秦汉以来，魏晋玄学与隋唐佛教也同样强调空灵无为、寂灭超然。在宋明理学的发展过程中，"主静"的思想得到了进一步的强化。因而，中国两千年来一直存在着刚柔并济、动静并重、进取无为等一系列矛盾冲突，但作为更为积极入世的精神，"刚健有为""自强不息"始终占据主导。

（二）创新精神的体现

"刚健有为""自强不息"的另一个重要体现是"积极否定"和"革故鼎新"的创新精神。《礼记·大学》中提倡"苟日新，日日新，又日新"，《易传》亦说"天地革而四时成，汤武革命，顺乎天而应乎人，革之时大矣哉"。中国凡"积弊日久"之时皆提倡改革，如北宋的王安石变法、清朝的康梁维新，都是基于此种精神。

总的来说，刚健有为、自强不息是中国人民努力奋斗的优秀品质，也是中华优秀传统文化传承的核心与精神支柱。五千年以来，中华民族之所以能够屹立在世界民族之林，正是因为其生生不息、努力拼搏的精神，亦体现在历经困苦时的不折不挠，永不放弃。随着历史的不断变迁，刚健有为、自强不息的精神逐渐由个人品质延伸为民族、社会与国家的优秀品质与精神，不仅影响着整个民族的精神走向，还成为中华优秀传统文化的主要核心内容。

二、人本主义精神

"以人为本"历来被视为中国文化的主要特征之一，并在中国文化的基本精神中占有举足轻重的地位。"以人为本"是指把"人"作为思考问题的基础，因此与西方古代的神学本位和现代西方对个体、自由、民主的追求有很大区别。由此，中华传统文化始终具有浓厚的人本主义精神，并具体地表现为三个层面："民贵君轻"的政治理想，"重人伦远鬼神"的世俗生活，以及伦理道德中的人文关怀。

（一）民贵君轻

中国传统的理想政治是以人民为中心的，推崇"民贵君轻"。《尚书·盘庚》记载："重我民""罔不唯民之承""施实德于民"。儒家尤为提倡人本主义。孔子一向主张重视人民，富裕人民，教育人民，在"生老病死""祭祀"等天下之事上，都将"民"放在第一位。孟子提出了"民为贵，社稷次之，君为轻"的思想，并被后世奉为圭臬。他提出"桀纣之失天下也，失其民也；失其民者，失其心也。得天下有道：得其民，斯得天下矣；得其民有道：得其心，斯得民矣"（《孟子·离娄上》）。除此之外，他还相信得人心者得天下，失人心者失天下，是以，"域民不以封疆之界，固国不以山溪之险，威天下不以兵革之利。得道者多助，失道者寡助。寡助之至，亲戚畔之；多助之至，天下顺之"（《孟子·公孙丑下》）。孟子从治国理政的角度强调人民是国家的根基，认为治国必须顺应民意，不然就会出现"身弑国亡"甚至"身危国削"的局面。荀子也认为人民是国家的根本，他那句"君者，舟也；庶人者，水也。水则载舟，水则覆舟"（《荀子·王制》）的名言流传千古，而"用国者，得百姓之力者富，得百姓之死者强，得百姓之誉者荣。三得者具而天下归之，三得者亡而天下去之"，同样成为每一代政治家的必修课。同样，道、墨、法等学派也都强调"以人为本"，其学术思想中贯穿着"重民"思想。

这种"重民贵民"的思想，在长期的封建历史中被不断地充实与强化着，并逐渐演变为中国主要的政治思想。汉朝贾谊曾说："民无不以为本也，国以为本，君以为本，吏以为本。"（《新书·大政上》）唐太宗李世民更是深明"民贵君轻"的道理，认为"君依于国，国依于民"。宋代张载提出"民胞物与"思想（《西铭》），朱熹的主张"天下之务，莫大于恤民"（《论权者谋》），此类观念数不胜数。

（二）重人伦，远鬼神

中华传统文化在面对"人"与"神"的关系时，始终强调"人"在"神"前，"人"的地位优先于"神"。如《左传·庄公三十二年》中提道："国将兴，听于民；将亡，听于神。"《国语》："民和而后神降之福。"换句话说，神本主义从来没有占据中华传统文化的主要位置。西方古典文化是一种神本文化，具有很强的宗教精神，以上帝为最高的信仰，将到达彼岸世界作为人类精神的最高寄托。人类的行为规范、生命目的和至高追求，都是从宗教预言中得来的，是全能上帝的旨意。与这种神本思想不同，以儒学为主的中国古代思想家，始终把自己的眼光放在现实生活中的人和人的生活上，与鬼神保持距离。

《论语》中提出："子不语怪力乱神。"（《论语·述而》）孔子曰："务民之义，敬鬼神而远之，可谓知矣。"（《论语·雍也》），他的弟子季路问怎样侍奉鬼神，孔子说："未能事人，焉能事鬼？"又问死是怎么回事，孔子说："未知生，焉知死？"（《论语·先进》）"事人"即"知生"，指的是对待现实中的人；"事鬼"即"知死"，是把眼光投向无人知晓的鬼神世界。孔子视此为既不可能，亦无必要。孔子虽然大体上认可"天"的存在，却对鬼神之说始终持怀疑态度，因此在他重病时，当门徒要求为他祈祷，他说："丘之祈祷久矣。"以示并不相信向鬼神祈福。孔子之后，孟子、荀子以至宋儒，均承袭孔子之说，汉朝的仲长统更是清楚地提出了"人事为本，天道为末"（《昌言》）的观点，进一步发展了儒家的人文主义，表现出一种"重人伦，远鬼神"的总体趋势。

（三）重视人文关怀

中华传统文化中的人文精神带有浓厚的伦理色彩，有着明显的道德性和伦理性。这种传统的人文主义将每个人都置于某种道德关系之中，自出生起就被纳入"五伦"关系网：政事为君臣，家事为父子、夫妇、兄弟，社会关系为朋友。君仁臣忠、父慈子孝、夫教妇从、兄友弟恭、朋亲友信，这些都是中国人眼中社会关系的楷模。正如《诗大序》言："经夫妇，成孝敬，厚人伦，美教化，移风俗。"这是全社会关心并为之奋斗的目标。就这样，每个中国人都在这种人伦关系中找到了自己的定位，并尽到应尽的职责。

这种伦理道德强调个人对集体的责任，而不是个人的自由和独立，也不是个人权利。中华传统文化对于个人价值的确认，并不是为了满足自己的物质需求或精神快感，而是从自己与客体（家庭、宗族、国家）的关系出发，确认"心灵的完美"。换句话说，在中华传统文化中，人被视为"道德主体"。所谓"人本"，实际上就是指"以人为本的道德主体"：一方面，每个人都要承担起对社会的责任；另一方面，个人"义务"其实是对自身道德品格的追求，不仅有社会需要，更有个人自觉。由于"心灵的完美"所指的"理"已经上升到本体层面，超越了一切，而从"理"中产生"忠""孝""仁""义"是理所当然的，于是个人价值就变成了追求"完善心性"的道德主体，以及成为"齐家""治国""平天下"的实践主体。唯有"内圣"方能"外王"，唯有"意诚""心正"方能"修身""齐家""治国""平天下"。

中华传统文化强调"人"，其实是强调人的自我修养和人格健全。这是与西方根本不同的人文精神。如同西方文学文本中，费尔巴哈笔下的"人"并不是具体的人，也不是现实生活中的人，而是乌托邦式的、充满爱心的、抽象的人。中华传统文化中强调的"人"不但是现实生活中的人，更是生活在伦理和各种各样人际关系中的人，是道德法则的体现。这是一种对人自身价值的追求与肯定，有着积极的现实意义。如此一来，"德行"变得既是主体的人格特征，又是主体的良好修养，使文人表现出一种"和而不同"的性格特征。内蕴的"诚"与"贵"，让他们有了一份自信与平和，不为外界所动。对"道""义""德"的追求，对心灵世界的完善和坚守，让中国人的生命在道德的心灵控制下有条不紊地进行，整个社会也因为他们自信平和而变得淳朴、和谐、文明。

三、天人合一的精神

人与自然和谐统一，是中华传统文化的重要观念。它强调自然界的发展和人的发展是相互影响和作用的，人的行为应该随着自然界的变化而进行相应的调整和规范。纵观中国历史可以发现，"天人合一"的观念不但对政治有影响和约束，对社会生活也有很大的影响。

儒家认为，"天"是与"人"相对是宇宙概念。《白虎通》提出天为万有之本："天者何也？天之为言镇也，居高理下，为人镇也。地者，易也，言养万物怀任，交易变化也。始起之天，始起先有太初，后有太始，形兆既成，名曰太素。混沌相连，视之不见，听之不闻，然后剖判清浊。既分，精出曜布，度物施生。精者为三光，号者为五行。行生情，情生汁中，汁中生神明，神明生道德，道德生文章。"他们相信，世界上的一切事物都有相应属性，即金、木、水、火、土"五行"，五行相生相克，于是天地万物和人类社会一样不停息地运行着。儒家通过类比，将"人"与"天地"关联，以"天地"的关系来论证人伦关系，以为其政治和道德观点提供佐证："天道所以左旋、地道右周何？以为天地动而不别，行而不离。所以左旋、右周者，犹君臣、阴阳相对之义。"（《白虎通》）从这点可以看出，"天人合一"思想既重视"天为人镇",也重视"天""地"关系。

这是一种二元论观点,认为一切既来自天,又与人类社会相互影响,自然界的发展变化蕴含着对人类社会发展变化的制约。日月星辰的正常运转表示人间万物正常,君明臣贤,百姓安居乐业;而一旦人间君王昏庸、臣子叛逆、民不聊生,日月星辰就会通过异常天象进行警示。开创了京氏易学的西汉学者京房说:"古帝王以功举贤,则万化成、瑞应著,末世以毁誉取人,故功业废而致灾异。"(《汉书·眭两夏侯京翼李传》)从这些描述中可以得知,上天既会给人以巨大的仁慈,也会给人以巨大的灾厄。很明显,这种观念中的"天""人"关系是带有宗教神学色彩的。

从人类社会层面上看,"天人合一"也是一种方法论。在儒家的实践中,"天人合一"反映了其对世袭制度的理解。例如,《白虎通》对"乡射礼"的诠释:"乡射:天子所以亲射何? 助阳气,达万物也。"春天气息很弱,担心阳气堵塞不通,需要天子以乡射礼辅助。"辟雍"本为周天子所设太学,东汉以后,历代皆有辟雍,为尊儒学、行典礼之所。"辟之为言积也,积天下之道德也;雍之为言壅也,壅天下之残贼。"辟雍就是积聚世间之德而镇压天下余孽之所。辟雍为圆形,围以水池,这一形态同样有所依据:"天子立辟雍何? 所以行礼乐、宣德化也。辟者,璧也,象璧圆,又以法天,于雍水侧,象教化流行也。"《白虎通》又说:"天子立明堂者,所以通神灵,感天地,正四时,出教化,宗有德,重有道,显有能,褒有行者也。明堂上圆下方,八窗四闼,布政之宫,在国之阳。上圆法天,下方法地,八窗象八风,四闼法四时,九室法九州,十二坐法十二月,三十六户法三十六两,七十二牖法七十二风。"其中"天人合一"表现得淋漓尽致。

中华传统文化中的"天""人"关系呈现出深厚的历史和现实渊源。首先,中国作为传统农业社会,农业生产的"播种"和"收割"完全依赖于大自然。顺应自然,适时播种和耕作,就能基本解决温饱,否则就难以生存下去。"顺应天时"的生产模式与生产理念,是"天人合一"的根本原因。二是古代科技发展水平无法充分解释各种自然与社会现象,天象的改变特别是天灾的发生,非常容易激发人类的原始信仰。三是秦朝一统天下后,中国传统社会发生了巨大变化，专制政治日趋严重，用"天人合一"的原始神性来监察和评判君臣，成为当时文人、思想家们的必然选择。正是在这些因素的推动下，"天人合一"思想被一步步理论化和系统化，最终成为一种极具中国特色的文化精神。

客观地说，人们对"天人合一"思想的热情有一定的进步性。第一，虽然自然界和人类社会是两个完全不同的系统，它们之间并没有一一对应的所谓"天人感应"关系，但它们之间的联系仍是十分紧密，在某些条件下确实会相互影响，因此"天人合一"思想的确带有一些"物质性"的成分。第二，"天人合一"思想的目标是督促以帝王为代表的官员们廉洁奉公、恪守礼教、奉行仁义。在中国封建社会高度中央集权的年代，这的确不失为一种有效手段。第三，"天人合一"思想激发了人类对自然的探索，促进了自然科学的进步，如汉朝时期对天象的详尽记录至今都极具价值，而张衡的天文地理学、张仲景的病理学更是得到了世人的普遍认可。

当然，即便有以上这些客观的积极作用，我们也不能否定"天人合一"的负面影响。首先，"天人合一"思想太过于重视环境对人类社会的影响，尤其是对"天""地"关系的探讨，不但影响了"天""人"关系的阐释，更影响了人类社会内部伦理的形成。以"天尊地卑"延伸出来的"男尊女卑"等很多思想都是中华传统文化中的"糟粕"。其次，"天人合一"注重自然之力，把原本不相干的自然之变归于人间，使得人们只能"顺天应时"行事，不敢丝毫逾矩，严重制约了人们的创新精神，从而成为中国历史发展进步的绊脚石。最后，"天人合一"思想太过重视人类顺应自然，从而忽略或畏惧对自然的运用，阻碍了中国古代科技的进步。

第二节　中华优秀传统文化基本精神的主要功能

中国传统文化的基本精神是中国民族精神的一种体现，它不但对中国古代历史文化的发展具有深刻影响，也对当下中国文化的传承和发展起着重要作用。全面理解中国文化基本精神的主要功能，对推动建设和完善中国特色社会主义文化具有重要启发和引导意义。

一、民族凝聚功能

一个国家如果没有基本的文化精神，就不可能有真正的凝聚力。中华传统文化的基本精神具有很强的意识形态统治力，能够超越地域、阶级、民族、时代的限制，始终滋养、团结、凝聚中国人，培养其为整个民族的长远利益不懈努力的精神。因此，在中华传统文化中，民族凝聚力是根本性、核心性部分。中国传统文化的基本精神是形成和维持中华民族凝聚力的意识形态基础和核心所在。这也是中国历史上每逢外敌入侵，中国人总是能够团结一致、同仇敌忾的原因，也是为什么中国历史上每次发生内战，中国人都会因为"中华一体"的理念摒弃前嫌，以实现再次大一统为终极目标。

中国文化中强大的民族凝聚力并非狭隘、封闭的，相反地，它具有一种崇尚和睦、鼓励团结、包容差异的宽广心胸。中国人始终遵循"和而不同"的观点，一方面将国家统一视为理所当然的事情，另一方面也将多民族百花齐放、和谐一体作为理所当然的原则。这种文化心态对我国政治社会的长期稳定发展具有非常重要的压舱石作用。

从西周开始，大一统思想已经在中国人心中根深蒂固。诸子百家虽然理论观点不尽相同，但在"国家统一""民族融合"和"世界和谐"这三个方面却是基本一致的。"国家统一"的观念其实是在"中华一体""和而不同"思想的影响下产生的，而"天下一家""民胞物与""四海之内皆兄弟"等思想，更是形成强大的精神力量，将整个社会紧密地联系在一起，也将个人与社会紧密地联系在一起。"先天下之忧而忧，后天下之乐而乐"，是中国人理所当然的政治价值。随着儒法两家对大一统理念的论证以及秦汉时期大一统国家的建立，大一统理念在中国民族融合、共同发展的历史实践中逐步转变为整个民族的深层心理，变成了中华民族的政治思维定式，对中华民族的整体发展起到了巨大的促进作用。

今天，中华传统文化的基本精神同样是加强和促进新一轮国家发展和人民团结的强大动力。作为观念的产物，国家凝聚力的思想文化基础总是随着历史的发展而不断发展。在整个人类文明和中国国内外环境与封建时代发生巨大变化的今天，我们既要传承中华传统文化的基本精神，以确保民族和国家凝聚力的根本，同时，还必须用不断更新的新时代文化精神去强化民族凝聚力，充实它的内涵，增强它的力量，以满足新的时代需求。

二、精神激励功能

文化的基本精神反映了一个国家文化中处于核心地位的优秀传统，其根本功能是保障和推动国家和社会的不断发展进步。中国文化的基本精神同样具有激励国家和人民向正确方向发展进步的作用。它对中国历史上的民族自信心和民族自豪感起着巨大的支撑作用，顺理成章地变成了维系全民族共同心理和共同价值追求的纽带，是激励人们为民族统一、社会进步而奋斗不息的精神源泉。

近代以来，中国经历了一场艰难、危险而又伟大的救亡图存斗争，以及不断探索、艰苦卓绝的改革和革命。鸦片战争后，林则徐的门生冯桂芬曾高呼"若要雪耻，莫如自强"的口号。近代洋务运动就是在"自强新政"的名义下开展起来的。严复认为，中国的自强应从"自强之本"入手，即"鼓民力""开民智""新民德"（《原强》）。康有为在"变法"时，也把《易传》中的刚健、有为、尚动、通变等作为理论基础。随后，以孙中山为首的资产阶级将"革命"视为世界公理，认为中国近代以来革命的风起云涌是世界性潮流，提出"内审中国之情势，外察世界之潮流，兼收众长，益以新创"。中国共产党在反帝反封建斗争及社会主义革命、建设时期，都有意识地继承并发扬了传统文化中坚韧不拔、自强不息的精神，并为其赋予了新的时代意蕴。

中华传统文化中的人文精神激发了人们对人生的价值、尊严、精神境界的追求。儒家十分重视个人的修身养性，认为仁义礼智等美好品德虽然是人与生俱来的，但要想将这些美德发挥到极致，还需要经过有意识的道德修炼和意志锤炼。因此，儒家提倡通过对德行确立标准来推动人们陶冶情操，成就完美人格。孔子"先义后利、重义轻利"的价值观念，虽然存在着忽略人们对物质客观需求的缺陷，但在"使人成人"，培养完整的人这个功能上起到了不容置疑的作用。中华传统文化中的各个学派，尽管价值观念和实践路径不尽相同，但都十分注重个人道德修养，因此中国历朝历代都出现了许多有着令后世敬仰和学习的修养、节操和独立人格的"仁人"。

除此之外，传统文化中"天人合一""和而不同"等思想，还激发了人们对集体利益的自觉追求。中国人习惯于将天、地、人视为一个整体，注重并力求实现三者的和谐。基于这一理念，中国人普遍将国家、家庭和个人视为不可分割的统一体，这一共同的民族文化心态对中华民族的发展壮大具有不容忽视的积极意义。儒家的"修齐治平"、道家的"道法自然"、墨家的"求同存异"，无不反映出这一总体利益观。在这样的价值取向中，中国文化将全局利益看得比局部利益更重要，将整体利益看得比个体利益更重要，孕育出以牺牲小我来实现大我、以牺牲个人和局部利益来保护整体和全局利益的优良品质，从而形成了以国家和民族利益为上的统一精神风貌。

三、价值整合功能

中华传统文化的基本精神，将中国不同时期、不同地域的各种价值观融合为完整的、统一的有机体，对形成中国人统一的价值观起到了重要的整合作用。可以说，中华民族的根本灵魂是由中国文化的基本精神铸就的。

中华传统文化是在儒释道思想为主的多元融合的模式中发展出来的。从地理空间分布来看，齐鲁文化、燕赵文化、巴蜀文化、荆楚文化、吴越文化、秦陇文化、岭南文化等，都是古代不同区域的中国人通过艰苦的生活实践，在特殊的自然地理环境中形成的较小规模的文化，体现出了各自独特的自然环境特征和社会人文特征，所形成的价值观既不会完全等同，亦不能相互替代。然而，在这些各不相同的区域文化传统中，却大都蕴含着一种相通且相同的基本文化精神，进而形成了"中华一体"的文化身份意识。"中华一体"成为最具包容性和开放性的中国文化基本思想，成为不同时期域外文化融入中国文化的根本驱动力。纵观中国历史，每一次民族大一统，总是与思想文化的融合和创新相伴。秦王朝的一统天下，使得山东六国与秦国"车同轨，书同文，行同伦"，中国再次统一了文字和度量衡，这对中国文化的发展具有根本性的影响。隋唐明清等不同时期文化呈现出的宏大壮丽气概，同样无不蕴含着融合创新精神。每一次不同地域的文化纳入中华民族整体文化中时，原来各地域文化中的精华仍能够得到保存，有些还得到了充分发扬，最终形成了全民族共同的精神财富。

中国文化的基本精神是中华民族共有的精神结晶，并在形成和发展的过程中跨越地域，跨越阶级，成为伟大的文化传统，世世代代延续下去。大的文化传统包含着小的传统，小的文化传统在体现中国文化共同特征的同时也保持着自身的特色，并且在内涵上不断丰富，或者逐步形成新的传统。这些大小传统相互渗透融合，难以完全分离，共同形成了中国文化博大精深、宽厚务实的精神面貌。作为中国文化的基本精神的思想观念，不仅感染熏陶了中华人民，让他们接受、认同，成为其人生的基本信念与价值追求，还对民族的生存与发展起到了积极的促进作用。

第六章 中国优秀传统文化传承与发展的关系定位

第一节 深刻反思传统文化

继承创新必须坚持科学地评价。社会每前进一步，都伴随着对传统的反思，前进的步伐愈大，反思传统的热情愈高。中国传统文化的变革，是近现代中国人文学术研究的重要课题，是社会变革乃至社会革命的重要组成部分。

任何一个国家，其民族文化的发展和现代化，都离不开人类文明的共同成果，建设中国特色社会主义先进文化，也同样需要拓展眼光，开阔胸怀，积极吸收人类文明的一切优秀成果。但是，盲目推崇西方文化，彻底摒弃民族文化或盲目推崇民族文化，彻底摒弃西方文化，都不能把中国文化带上现代化之路。建设社会主义先进文化，必须把民族传统文化作为源远流长的母体文化，在对其批判继承、综合创新的基础上，充分肯定其现实意义，才有可能去借鉴和吸收西方近现代文化精华，从而在马克思主义和中国特色社会主义理论指导下，以中国现代化为主体目标，创造出有中国特色社会主义的新型文化。

中国传统文化是民族的。中国传统文化作为社会历史范畴，体现了中华民族文化自身发展的特殊性，代表着几千年来中华民族文化思想和实践的积淀，反映了中华民族的民族性格、生活准则、生存智慧、处世方略，表现出中华民族的民族精神和文化类型。传统文化是中华民族屹立于世界民族和文化之林的依据，是使中华民族历经磨难而生生不息的源泉。从根本上讲，传统文化作为价值系统，只要该民族存在，就不可能消失。如果丧失了，也就丧失了民族自立的根基。

中国传统文化是时代的。人类社会具有从过去到现在发展的过程性，那么，人类文化就具有从传统到现代转变的适应性。虽然具体到不同国家、民族、地区有其差异，但就总体而言，莫不如此。中华文化几千年的发展从来都表现为从源到流的过程，从发展趋势来看是不断地向着现代化演变的。实际上，一切现代文明尤其是其精神因素，不可能不具有超越时空的价值和意义。从世界已经实现现代化的国家来看，对传统文化现代价值的开掘是其文化现代化建设的一个必要环节。中国传统文化具有非常强的开放性和自我批判、自我更新的能力，历经数千年的演变，经历了佛教、基督教、伊斯兰教等外来文化的冲击和挑战，特别是遭受了近代意义的"西方文化"狂飙式的震撼，却依然以其独特的风貌挺立于世。

中国传统文化是历史的。考察传统文化必须把它置于一定的时空象限之中。传统文化是和当时的政治经济及社会制度紧紧相联系的。从历史的角度看，中国传统文化在生产方式层面，属于自给自足的自然经济，是农业文明的产物；在经济基础层面，它建立在封建私有制基础上；在上层建筑层面，它突出伦理和政治功能，与封建社会别尊卑明贵贱的等级制度相联系。因此，它在中国近现代历程中的作用和影响，有其积极的一面，也有其消极的一面，具有历史局限性。

中国传统文化是民族的，因而是必须予以继承和发扬的；中国传统文化是时代的，因而是不断发展和进化的；中国传统文化是历史的，因而又必须是予以批判和创新的。

随着文化研究和对传统文化反思的不断深入，人们逐渐抛弃了对民族传统文化的激进批判和简单否定态度，认识到任何新的文化不仅必须在原有传统的基础上进行，而且民族传统文化还应是我们创新的主要文化资源。无数的历史经验证明，不论我们主观上是否否定，传统始终是我们无法摆脱的精神纽带。中华民族在长期的历史发展中逐渐形成的文化传统，已经稳固地植根于我们的民族性格中，积淀于民族每一个成员的血脉里，成为中华民族的精神脊梁。

第二节　传承发展必须坚持科学理论指导

近代以来，国人在传统文化的继承方面进行了艰苦卓绝的努力，取得了重大进展和成就。20世纪以来我国文化建设的一大景观，就是运用西方近现代的某种思想理论对中国传统文化实施解构、整合或重构。在这一过程中，提出了"思想的根本精神""民族精神之潜力""抽象理论最高之学"等观点，构建了"新儒学""新心学"等理论体系，这对于中国传统文化的继承、推动传统文化的现代化和现实社会的文化建设都发挥了重要而积极的作用。但是，必须看到，他们所援引和根据的一般是近现代资产阶级的某一种思想理论。无论哪一种理论，尽管都具有某种程度的真理性和科学性，但整体上都是非科学的理论。因而，在这些思想理论指导下，研究中华民族传统文化继承问题，虽然不乏真知灼见，并在一定程度上促进了传统文化的再生和转化，但是都没有从根本上解决问题。

马克思主义传入中国以后，中国文化发生了革命性的变革，传统文化的传承才走上了适合中国的创新之路。马克思主义与中国具体实践相结合，证明了用科学理论指导实践和在实践中丰富并发展科学理论的重要性及不可分性，揭示了只有运用马克思主义科学理论分析中国传统文化，并从中汲取营养，使马克思主义获得民族形式，才能与社会实践一起在更完整的意义上丰富马克思主义，实现马克思主义的中国化。不仅如此，还揭示了只有坚持不断地发展和以马克思主义理论为指导，才能对中国传统文化进行科学的甄别、选择、更新和转化，从而使之真正实现现代化。从毛泽东思想到邓小平理论、"三个代表"重要思想，中国共产党人一直高举马克思主义综合创新的文化大旗，以开放的态度和博大的胸襟，广泛地吸收和借鉴中华民族传统文化和西方现代化先行国家的正反历史经验，并在借鉴之中发展，在继承之中创造，在转换之中升华，使中国传统文化走上了现代复兴之道，生生不息之道，后来居上之道。

第三节　传承发展必须坚持辩证的批判继承

实现中国传统文化的现代化，必须坚持唯物辩证法。继承传统文化，应是辩证法的批判继承，而不是形而上学的抽象继承。毛泽东同志曾经明确指出：我们这个民族有数千年的历史，有它的特点，有它的许多珍品。"我们必须继承一切优秀的文学艺术遗产，批判地吸收其中一切有益的东西"，"决不可拒绝继承和借鉴古人和外国人，哪怕是封建阶级和资产阶级的东西。但是继承和借鉴绝不可以变成替代自己的创造，这是决不能替代的"。借鉴、继承中国传统文化不是原封不动地拿过来，而是要经过咀嚼、消化，经过由此及彼、由表及里、去粗取精、去伪存真的具体分析过程，吸收有益的营养，排泄无用的糟粕，在批判中继承，在继承中发扬，在发扬中创新，在创新中获得新生。

言而总之，文化的发展史是一个由简到繁，由粗朴到精致，由不够完美到逐渐完美的过程，这是一个前后不断继承发展的过程。在推动中原崛起的今天，要处理好传统文化的继承与发展关系：坚持没有继承就没有发展，没有发展就无所谓继承，二者相辅相成的思想，即在继承优秀文化传统的基础上，根据当下的文化建设的需要，对传统文化进行革新和创造，使传统文化与现实交融汇合，并且在现实土壤上更加五彩斑斓、缤纷多姿、璀璨夺目、异彩纷呈。

第四节　传承发展必须坚持传承中创新

众所周知，夹竹桃是一种有毒植物，在国内应用较少，大多在南方的一些铁路两旁偶有种植。但夹竹桃在欧洲一些国家的应用则较为普遍。6月中旬，记者在意大利看到，不管是南部的那不勒斯，还是北部的米兰，公路两旁、街头绿地、园林景观里都盛开着灿若云霞的夹竹桃。公路两旁栽植的夹竹桃是经过矮化处理和精心修剪的，呈球状，真正是花团锦簇。而街头绿地、园林景观中栽植的夹竹桃与国内一样，大多呈灌木状。更有一些居民在自家的房前屋后盆栽夹竹桃。意大利人对夹竹桃的喜爱程度可见一斑。

"为什么意大利人那么喜欢夹竹桃，它不是有毒吗？"在庞贝古城外围，记者看到成片的夹竹桃时，忍不住问导游小姐罗丝。"从文艺复兴时候起，夹竹桃就大量应用在意大利的园林景观中，一直持续到现在。夹竹桃有较强的抵抗、吸附有毒物质的功能，能净化空气。它虽有毒，但只要不误食就没问题。意大利人对夹竹桃有一种很深的感情。"罗丝不愧是意大利人，对夹竹桃在意大利园林中的应用历史了如指掌。

意大利人对夹竹桃的这种浓厚感情实际上也是对一种文化的认同和传承，并且在保护传承中创新发展。在意大利和法国旅游期间，记者在饱览了庞贝古城、圣母之花大教堂、米开朗琪罗广场以及卢浮宫、凡尔赛宫等这些"传说"中的名胜古迹的同时，也常常惊诧于他们如此完好地保存了祖先留给他们的遗产。"我们的祖先也留下了很多东西，但现在我们还剩下了多少呢？"一位团员在参观完凡尔赛宫后感叹道。

中国传统插花艺术、扬派、徽派、英石假山盆景技艺以及洛阳牡丹花会已被列入"非遗"名录，成为保护对象。它们的成功入选，为其保护和传承提供了一个好的开始。王文章在国务院新闻办公室召开的新闻发布会上介绍说，在"保护为主、抢救第一，合理利用、传承发展"的保护方针指导下，已逐步形成了符合我国国情的非物质文化遗产保护体系，中央和省级财政已累计投入17.89亿元用于非物质文化遗产保护。与其他"非遗"保护项目一样，花卉类"非遗"保护项目在其保护和传承上也做了大量工作。中国插花花艺协会、北京插花艺术研究会每年都会开展大量的宣传保护传统插花艺术的工作，目前也正在积极筹备建立传统插花艺术博物馆；而扬派盆景博物馆则早在2005年就已建成，使扬州有了展示扬派盆景艺术的专题游览胜地，同时也使扬派盆景的保护、继承和发展有了可靠保障。

当然，保护只是一种手段，传承不应该是不加甄别和筛选地全盘继承，只有在继承传统的基础上不断创新，才能达到发展的目的。对插花、盆景等传统技艺来说，创作者要及时分析和了解市场需求，根据时代发展和审美变化，在不改变传统技艺特点的前提下，进行工具创新、技法创新、题材创新、风格创新，努力创作出为更多人所了解、所接受、所喜欢的"鲜活"作品，使其产生经济效益，形成传承的经济基础，传统技艺才能重新获得生命力。而对像洛阳牡丹节这样的节会来说，主办方在不改变节会性质、办会目的的前提下，要在办会形式、会展内容、服务手段等方面创新，使节会既有社会效益又有经济效益，如此节会才能有长久的生命力，才能长久办下去。

第七章 中华优秀传统文化传承与创新措施

第一节 中华优秀传统文化传承与创新的方向指引

在庆祝中国共产党成立 100 周年大会上，习近平总书记明确提出"把马克思主义基本原理同中国具体实际相结合、同中华优秀传统文化相结合"的要求，特别是提出要把马克思主义基本原理同中华优秀传统文化相结合。这一原创性理论贡献一方面极大地丰富、拓展了马克思主义中国化的基本内涵，是马克思主义中国化的新高度、新境界、新要求；另一方面也从更高层面明确了我们传承和创新中华优秀传统文化的重要意义和重大价值，有利于推动中华民族最基本的文化基因与当代文化相适应、与现代社会相协调，让辉煌灿烂的中华文明同各国人民创造的多彩文明一道，为人类社会发展提供正确的精神指引。

中华优秀传统文化蕴含着丰富的智慧和强大的适应力，是涵养社会主义核心价值观的重要源泉，是实现中华民族伟大复兴的有力支撑。中华优秀传统文化的发扬光大和中国梦的实现离不开强有力的领导核心。中国共产党不仅坚定地继承了中华优秀传统文化，还积极地发展、创新中华优秀传统文化，使之成为新时代中华先进文化的重要组成部分。

一、在传播中华优秀文化、实现中国梦的过程中，党和政府起着主导作用

中国共产党是领导中华民族实现伟大复兴的坚强领导核心，自产生之日

起，便与中华优秀传统文化密不可分。习近平总书记曾深刻地指出："我们共产党人是坚定的马克思主义者，我们党的指导思想就是马克思列宁主义、毛泽东思想和中国特色社会主义理论体系。同时，我们不是历史虚无主义者，也不是文化虚无主义者，不能数典忘祖、妄自菲薄。"我们党始终主张把马克思主义的基本原理与中国的具体实际相结合，以科学的态度看待本民族的传统文化，以科学的态度看待其他国家的文化，以人类所创造出来的所有优秀思想文化成果来武装自己。

中国共产党在长期领导中国人民进行革命、建设和改革的历史过程中，一直是中华优秀传统文化的忠实继承者和发扬者，使我们既有"来"的基础，又有"去"的方向。在马克思主义的指导下，中国共产党领导中国人民大力传承和发展中华优秀传统文化，坚定不移地走文化自信之路。随着改革开放的不断深入，我国的综合国力不断增强，人们的生活水平也不断提高。但由于我国仍处在社会主义初级阶段，在发展过程中不可避免地会遇到许多内外问题。中国共产党清醒地认识到了这一点，始终坚持以马克思主义为指导，传承和发展中华优秀传统文化，以优秀的文化基因引领全国人民建设社会主义强国。

要把马克思主义同中华优秀传统文化有机结合起来，必须在中国共产党的领导下，正确处理好马克思主义和中华优秀传统文化的关系，即传承和发展中华优秀传统文化，必须坚持马克思主义的指导思想，必须坚持中国特色社会主义方向。我们传承和发展中华优秀传统文化的目的，是古为今用、博古通今，而不是以古论今、以今复古。因此，在具体实践过程中，我们就是要在马克思主义的指导下，科学地区分中华传统文化中的优秀、先进部分，摒弃糟粕、落后部分，并为传统文化注入新的内涵，赋予其时代精神，适应并助力中国式现代化建设。党的二十大报告指出："坚持和发展马克思主义，必须同中华优秀传统文化相结合。"也就是说，不但马克思主义是传承和发展中华优秀传统文化的指导思想，同中华优秀传统文化相结合也是坚持和发展马克思主义的内在要求和秉持的基本原则。只有把马克思主义思想精髓同中华优秀传统文化精华贯通起来，不断赋予科学理论鲜明的中国特色，不断夯实马克思主义中国化时代化的历史基础和群众基础，才能真正让马克思主义在中国牢牢扎根。这一论断是对马克思主义和中华优秀传统文化之间关系的重大理论创新。

习近平总书记十分重视中华优秀传统文化的传承和发展。他在党的二十大报告中提出："中华优秀传统文化源远流长、博大精深，是中华文明的智慧结晶，其中蕴含的天下为公、民为邦本、为政以德、革故鼎新、任人唯贤、天人合一、自强不息、厚德载物、讲信修睦、亲仁善邻等，是中国人民在长期生产生活中积累的宇宙观、天下观、社会观、道德观的重要体现，同科学社会主义价值观主张具有高度契合性。"这就为我们在今天传承和发展中华优秀传统文化确立了实践依据，使两者都能通过融合发展成人民群众日用而不觉的共同价值观念。

二、充分发挥党政机关在政策上的作用

传承和发展中华优秀传统文化，不但要把中华优秀传统文化摆在战略性重要位置上，坚持和强化党和国家的领导作用，也要充分发挥党政机关和政策法规的作用。党的二十大提出要"深化文化体制改革，完善文化经济政策"。党政机关作为中华优秀传统文化传承和发展的领导和职能部门，应当坚定"四个自信"，从党和国家事业发展全局的高度，从实现中华民族伟大复兴的战略高度，把传承和发展好中华优秀传统文化放在优先位置，强化宏观指导，充分发挥社会主义国家统筹协调的优势，整合各种资源，动员各种力量，形成党委领导、党政群合力、相关部门分工负责、全社会共同参与，共同推进中华优秀传统文化传承发展的大好格局。

习近平总书记在全国宣传思想工作会议上提出了关于宣传阐释中国特色社会主义的"四个讲清楚"要求：一是要"讲清楚每个国家和民族的历史传统、文化积淀、基本国情不同，其发展道路必然有着自己的特色"；二是要"讲清楚中华文化积淀着中华民族最深沉的精神追求，是中华民族生生不息、发展壮大的丰厚滋养"；三是要"讲清楚中华优秀传统文化是中华民族的突出优势，是我们最深厚的文化软实力"；四是要"讲清楚中国特色社会主义

植根于中华文化沃土、反映中国人民意愿、适应中国和时代发展进步要求，有着深厚历史渊源和广泛现实基础"。这四个"讲清楚"提纲挈领、高屋建瓴、内涵深刻，虽然是针对外宣工作提出的指导思想，但对传承和发展中华优秀传统文化也有重要指导意义，是对我国古代文物、遗产、典籍、传统艺术、诗词歌赋等优秀传统文化进行活态传承的重要理论依据。习近平总书记同时提出："中华民族创造了源远流长的中华文化，中华民族也一定能够创造出中华文化新的辉煌。"中华优秀传统文化、革命文化和社会主义先进文化及其相互融合，正是新时代中华先进文化的发展基础和路径。为了真正落实好这一系列重要要求，中共中央、国务院办公厅于2017年1月出台了《关于实施中华优秀传统文化传承发展工程的意见》，从公共政策层面对中华优秀传统文化的传承发展进行统筹安排，并提出了切实可行的措施。意见全面、完整地阐述了传承和发展中华优秀传统文化的各项政策保障："加强中华优秀传统文化传承发展相关扶持政策的制定与实施，注重政策措施的系统性协同性操作性。加大中央和地方各级财政支持力度，同时统筹整合现有相关资金，支持中华优秀传统文化传承发展重点项目。

　　"制定和完善惠及中华优秀传统文化传承发展工程项目的金融支持政策。加大对国家重要文化和自然遗产、国家级非物质文化遗产等珍贵遗产资源保护利用设施建设的支持力度。建立中华优秀传统文化传承发展相关领域和部门合作共建机制。制定文物保护和非物质文化遗产保护专项规划。制定和完善历史文化名城名镇名村和历史文化街区保护的相关政策。完善相关奖励、补贴政策，落实税收优惠政策，引导和鼓励企业、社会组织及个人捐赠或共建相关文化项目。建立健全中华优秀传统文化传承发展重大项目首席专家制度，培养造就一批人民喜爱、有国际影响的中华文化代表人物。完善中华优秀传统文化传承发展的激励表彰制度，对为中华优秀传统文化传承发展和传播交流做出贡献、建立功勋、享有盛誉的杰出海内外人士按规定授予功勋荣誉或进行表彰奖励。"

　　中华优秀传统文化的传承和发展，还需要党和国家有关部门注意加强文化法治环境的构建。近年来，党中央和国家与时俱进地制定和完善了《文物保护法》《文化产业促进法》《公共图书馆法》等相关法律，为中华优秀传统文化的传承和发展确定了法律依据。2018 年 5 月，中共中央印发《社会主义核心价值观融入法治建设立法修法规划》，提出"要建立健全有利于优秀传统文化传承发展的法律制度，在教育、科技、卫生、体育、城乡建设、互联网、交通、旅游、语言文字、古城古镇古村落保护、文物和非物质文化遗产保护等方面相关法律法规中，研究增加中华优秀传统文化传承发展内容，防止在城市建设中大拆大建，造成对历史文化遗产的损毁破坏。完善节假日立法，发挥重要节庆日传播社会主流价值的独特优势。健全相关法律制度，保障探亲探视权利，弘扬孝老爱亲美德善行，为'常回家看看'提供制度保证。针对一些地名存在的'大、洋、怪、重'乱象，健全相关法规制度，鲜明价值导向，彰显时代精神，传承发展中华优秀传统文化"。这一系列对中华优秀传统文化相关法律的出台，有利于制度化、系统化地增强整个社会对中华优秀传统文化的保护意识，营造尊重、保护、传承、弘扬中华优秀传统文化的法治氛围。

第二节　中华优秀传统文化的多元化传播路径

要实现中华民族伟大复兴的中国梦，就需要从各个层面为国家的繁荣发展创造有利的国内和国际环境。传承和发展中华优秀传统文化，有利于对内凝聚团结的发展共识，对外宣传良好的中国形象，筑牢中华民族伟大复兴的思想文化根基。对于一个断绝了历史和传统的民族来说，单纯地"移植"异域文化是无法实现其历史光辉和未来图景的。因此，我们必须通过对内对外多种文化传播途径，将中华优秀传统文化发扬光大，为中国梦的实现做出应有的文化支撑贡献。

一、充分利用各种媒介对公众进行宣传教育

传承和发展中华优秀传统文化，关键是推动中华优秀传统文化进社区、

进家庭、进校园，既深入人们的思想，更融入人们的日常社会生活，从而使之成为一种"活"的文化，一种人们生活于其中、工作于其中的文化氛围。为此，我们应该树立"传播就是传承，传播就是发展"的思路，运用各种媒介和载体，持续地将中华优秀传统文化渗透到家庭、学校、社会的各层面教育之中，融入人民群众对高尚道德和文化底蕴的追求之中，成为社会主义核心价值观的重要源泉和组成部分；我们要将中华优秀传统文化融入公共服务的各个环节，融入现代城市发展和乡村振兴的各个细节，真正成为人民群众日用而不觉的日常生活的一部分。

第一，要充分发挥好主流媒体和新媒体对中华优秀传统文化的传播功能。在"全媒体"时代，中华优秀传统文化的传播方式发生了很大变化。首先，我们不应忽视而是要更加重视报纸、书刊、广播、电视等传统媒体，充分利用传统媒体覆盖面广、权威性强、整体水平高的优势，将文化、文物等中华优秀传统文化相关各方的力量结合起来，以更具时代特色、更受年轻人喜欢的表现形式展现中华优秀传统文化的独特魅力。主流媒体及相关主管部门要充分认识到，传承和发展中华优秀传统文化既是一种社会责任，更能产生经济和口碑效益，因此要积极主动地承担起中华优秀传统文化的传承和发展责任，充分发挥自身平台优势，将最优秀、最精彩、最值得关注的文化食粮呈现给读者、观众和听众，让他们了解历史，汲取知识，享受优秀传统文化盛宴，为中华优秀传统文化的价值守望提供强有力的宣传资源保障。与此同时，每位主流媒体的工作人员都应充分认识到自身使命的光荣和伟大，主动自觉地将中华优秀传统文化发扬光大，让照亮中华五千年历史的文明之光持续广泛地在中华大地上闪耀。

伴随着网络信息技术和数字传播手段的不断发展，新媒体已经成为人民群众主动或者被动接受信息的主要渠道之一，其传播效率和传播形态也更适应当下的社会生活实际。因此，传承和发展中华优秀传统文化，除充分利用传统主流媒体外，还必须注重通过各种网络媒体进行各种形态的传播。特别是随着移动互联网和5G的普及，以及AR、VR、元宇宙等新兴媒介的应用，新媒体不但已经成为主流媒体的发展潮流，也为中华传统文化的传播带来了更多形态、更高效率、更优体验的全新载体和媒介生态。如近年来火爆网络的《唐宫夜宴》《只此青绿》等优秀"国风"作品，都体现出新媒体传播的重要作用。善于利用这些资源，将极大地推动中华优秀传统文化的传播、传承和创新性转化、创造性发展。

第二，要以各种路径和方式推动中华优秀传统文化的广泛传播。中华优秀传统文化的传播，除了寻求具体的传播载体外，还应通过系统规划和资源的综合协调，在社会各个层面、各个领域进行辐射与传播。

要将中华优秀传统文化纳入学校教材、教程之中。从基础教育入手，遵循学生的智力发育特征和教育教学的普遍规律，按照分阶段的原则，在大中小学和大专院校中开设相关传承和发展创新实践课程，将中华优秀传统文化渗透到启蒙教育、基础教育、高等教育、职业教育、继续教育的每一个阶段，形成一套分层次、多层次的教育系统，通过充分发挥"第一课堂"的主要功能，全面推动中华优秀传统文化的教育与实践。教师在教育中起着至关重要的作用，教师对于中华优秀传统文化的情感、认知及相关能力，直接关系到中华优秀传统文化传承和发展的成功与否。因此，必须继续持续强调教师在传承和发展中华优秀传统文化中的作用，强化其各项相关素质，让他们在中华优秀传统文化的课堂教学中真正发挥教书育人的作用。

要充分发挥社会公共平台的作用，如图书馆、文化馆、博物馆、群众艺术馆等公共文化设施中中华优秀传统文化元素的应用，强化对中华优秀传统文化内容的设置、展示和互动。

要加强中华优秀传统文化载体的发掘和推广。中华优秀文化典籍是中华文明发展史上流传下来的最精华、最具代表性的作品。这些浩瀚的文化典籍中蕴藏着丰厚的思想道德底蕴，是中华民族最深邃的精神成果和最珍贵的价值观念。我们应加强对文化经典的发掘整理和编辑出版工作，在文艺创作和戏剧表演中融入经典元素，并与时代价值融为一体，从而推陈出新，焕发出中华优秀传统文化的勃勃生机。

要突出开展专题性社会教育。充分利用中国历史上的重大事件、名人纪念日、国家公祭、英烈纪念日等活动，加强对民族精神、民族气节和社会礼节的宣传教育，让人们感受到身为中国人的礼仪感、庄重感和荣誉感，感受到中华优秀传统文化的时代性和生命力，从而更加主动自觉地接受、传承和发展中华优秀传统文化。

要借助家庭教育体验和传承中华优秀传统文化。在中华文明发展史中，中华传统文化的主要传播阵地是家庭，核心传播手段是言传身教。在中华传统文化中，家本身就是最温暖的所在，是道德追求和个人价值实现的起点和终点。因此，在传承中华优秀传统文化时，要把家庭生活和家庭教育作为青少年培养中华传统道德的主要阵地，广泛开展文明家庭创建活动，对家训、家风文化进行挖掘和整理，让年轻人从小接受优秀传统文化的洗礼，让尊老敬贤、勤劳持家等成为中华民族经久不衰的美德。

要重视传承民俗和开展传统节日活动。传统民俗和传统节日的形成与这个民族的自然环境、生产方式、经济条件、崇拜信仰等都有密切联系，既是文化传统的重要表达，又是身份认知的重要支撑，促使人们产生强烈的归属感和认同感。作为重要的民族文化遗产，传统风俗、节日具有特殊的历史意蕴，是每个民族的精神家园和文化脐带。中华民族的传统风俗丰富多彩，集中体现了中国人"中华一体""和而不同"的优秀精神风貌。中国节日源远流长，具有深厚的文化传统和多重性的文化根基，蕴含着深刻的民族文化色彩和价值观念精髓，具有增强集体凝聚力、树立共同价值观、培育爱国主义精神、提升民族荣誉感的重要作用。要有意识、有组织、有计划地推动中国传统节日复兴，使"春节""元宵""清明""端午""七夕""中秋""重阳"等传统节日的文化内涵更加丰富，并在传统基础上发展新的节庆风俗，将传统节日中蕴含的古代智慧转化为新时代的精神文化财富，通过活态运用将其有益的文化价值深入人们的生活中去，激发其在现代生活中的活力，为今天的人们创造幸福美好的生活赋予更多仪式感、自豪感和获得感。

要将中华优秀传统文化融入人们的生产和生活。习近平总书记指出："一种价值观要真正发挥作用，必须融入社会生活，让人们在实践中感知它、领悟它。"对中华优秀传统文化的传承和发展，终极目标就是使其保持旺盛的生命力和鲜活的表现力，在人民群众的日常生活中保持活态，并通过这种活态的影响提高生命的价值和质量。这一目标决定我们在传承和发展中华优秀传统文化时不能以僵化、枯燥的方式硬性推广，而应该将其生活化、大众化、多样化，要让它更加接地气、扬正气、有烟火气。只有这样，才能真正使传统文化生动鲜活，被人们认同和内化。

要抓住"新型城镇化""乡村振兴"的时代机遇创新中华优秀传统文化。在实现现代化的时代背景下，通过对不同地域的传统文化进行总结和提炼，选择一批能够凸显当地文化特色的代表性元素和标志性符号，融入城镇化建设和乡村振兴建设中，通过合理地运用到城市雕塑、广场园林、街区命名等公共空间，或开展一系列独具特色的地方文化节庆活动，让文化个性更加突出，人民幸福感和自豪感更加强烈，也使文旅经济更具差异化和特色化，让传统文化在新时代社会发展中重新焕发活力，进而丰富人民群众的生活情趣。

二、加强中华优秀传统文化的海外传播

"中国梦"是整个中华民族的共同梦想。"中国梦"的实现不仅要靠亿万中国人民的不懈努力，也需要可持续发展的良好国际环境。党的二十大明确提出了"增强中华文明传播力影响力"的要求，强调要"坚守中华文化立场，提炼展示中华文明的精神标识和文化精髓，加快构建中国话语和中国叙事体系，讲好中国故事、传播好中国声音，展现可信、可爱、可敬的中国形象。加强国际传播能力建设，全面提升国际传播效能，形成同我国综合国力和国际地位相匹配的国际话语权。深化文明交流互鉴，推动中华文化更好走向世界"。

中华优秀传统文化是中国人最深层次的人生智慧和思想成果，是中国人特有的精神符号。在当今的"地球村"建设中，"中国经验""中国智慧""中国方案"也必将对"人类命运共同体"的全球治理做出独特贡献。为了使世界更好地接纳中国，就必须增进了解，而要让世界全面准确地了解中国，就必须擦亮我们最具特征的文化名片。因此，将中华优秀传统文化传播到世界各地，不但可以提升国家文化软实力，也可以提升国际形象，增强民族自信心和凝聚力，从而在国际交往和全球治理中变得更加主动。

　　其一，加强中华优秀传统文化的海外传播，有助于我国发展和参与全球事务，营造良好的国际环境。在相当长的一段时间里，中国文化在世界上的声音相对较弱，不利于树立具有身份识别度和话语号召力的有影响力的大国形象。这就需要我们更好地开展国际文化交流，使世界更加了解中国的过去、现在和未来。在这个过程中，传统文化作为当下文化和未来文化的基础，具有奠基性作用。推动中华优秀传统文化走向世界，向世界展示我们的思想传承，让世界更好地认识我们的历史文化，从而更好地认同我们的发展方向，对于我们在对外交往时营造良好的国际环境具有重要作用。

　　其二，加强中华优秀传统文化的海外传播，有助于我们增强互信，凝聚海外人心。目前，中国经济正处于高速增长和深度转型时期，经济总量已居全球第二位，实现中华民族伟大复兴势不可挡。然而中国的崛起必然带来全球政治经济格局的巨大变化，世界上绝大多数国家和人民对中国取得的成就是关切、赞赏的，但也有少部分人群对中国的发展持有疑虑。由于各国地位、利益和关注点不同，任何国际形势的变化都必然带来各种声音。这种不同观点的此起彼伏本是常态，我们对此应以平常心看待，一方面加强战略定力，另一方面也要通过软实力、巧实力进行化解。中华优秀传统文化为我们提供了增进互信、消除疑虑、凝聚人心的桥梁和纽带。我们要积极推动中华优秀传统文化的海外传播，向世界展示中国人民勤劳勇敢、不畏艰险、锐意进取、宽容和平的价值观，通过情感交流、理性劝导、价值共鸣来化解误解。

　　第一，要建立一套融合中外文化的对话系统。由于不同国家和文化的社会体制、历史背景、意识形态等因素不同，国内外的话语系统有明显的差别，对本国人民来说适合的话语系统，未必适合另一国的人民，反之亦然。因此，要促进中国与世界的交流，实现中华优秀传统文化的良好海外传播效果，就必须根据国内外的实际情况，深入研究中外文化话语系统并进行创造性转化和创新，力求在世界范围内形成"中国话语""中国修辞"和"中国意义"，从而使中华文化的海外传播和交流远离"自言自语"的局面。

　　第二，要塑造"人类命运共同体"的叙事意蕴。中华优秀传统文化的思想内涵与理论体系博大精深，要实现这种深刻思想与理论体系的跨文化交流，就必须进行相应的叙事转换。特别是在当今信息社会，谁讲的故事最动人，谁就能吸引更多的听众，达到更好的传播效果。讲好中国故事的能力，直接影响到中国文化及价值观传播的水平，影响到中国国家形象的塑造。目前，国际舆论越来越多地使用"软话题"，表现为在经济、社会和娱乐中融入政治的文化交流方式。这就提醒我们，中华优秀传统文化的海外传播也应该更多地运用与人民生活密切相关的故事，来表达真实而又精辟的中国价值观。

第三，要塑造适应世界的代表性文化标志。一个能够引发中外人民广泛共鸣的文化符号，能够快速高效地传递中国文化魅力；一个具有全球说服力的文化代表作，比任何理念标语更能反映一国的价值观。

第四，要注意海外文化传播时信息折中和符号异变的平衡。在跨文化交流中，为了实现其他国家人民对中华文化的认知，往往会借鉴对方文化中的元素和内容进行比照说明，因此常常产生不同程度的文化折中现象。原本在中国具有独特文化意蕴的代表性符号及其承载的传统文化内容，也经常会发生变形、异化，这是跨文化传播的必然结果。我们一方面要认识到这种规律和代价，另一方面也需要对这种现象给予足够的重视。为此，在具体的文化传播活动中，我们要分清文化符号与文化内涵的区别，使外国人在接触和欣赏中华文化的过程中降低学习成本，得到充分愉悦，感受到中华文化的深层魅力，而不只是停留在好奇和猎奇层面。比如以"中国年""文化节""孔子"等作为我们传播中华优秀传统文化的重要载体，搭建好活动舞台，设计丰富内容，并将中华文化思想融入其中，达到"绕梁三日，余韵不绝"的效果。

第五，要继续健全对外文化交流机制，推动中国与世界各国的学术交流。我们要鼓励外国汉学家和出版社通过翻译、引进优秀的中国书籍和影视作品来展示中国文化价值观。要有组织、有计划地举办"春节"和"中秋节"等带有浓厚中国文化特色的节日活动，传播中国人的家庭观、国家观、世界观，特别是通过驻外机构、中资企业和友好合作机构，在各类活动中展现中国风姿，体现中国精神，诠释中国特色，树立中国形象。

第三节　中华优秀传统文化的创新型文化业态

习近平总书记在联合国教科文组织总部发表讲话时强调："实现中国梦，是物质文明和精神文明均衡发展、相互促进的结果。"要实现中华民族伟大复兴的中国梦，首先要不断增强中华民族的经济文化实力。梦想永远都是建立在现实之上的，中国梦的实现也要立足于中国式现代化实践。

近年来，以数字技术、网络信息技术为代表的现代科学技术，已经融入并渗透到各个领域文化产品的创作、生产、传播、消费等各个环节；同时，在通过新技术手段对传统文化产业进行升级改造的过程中，也创新出了大量的新的文化形式和文化业态，成为推动文化产业发展的核心支撑和重要动力。

党的十八大报告提出要"促进文化和科技融合，发展新型文化业态，提高文化产业规模化、集约化、专业化水平"；党的十九大报告提出要"健全现代文化产业体系和市场体系，创新生产经营机制，完善文化经济政策，培育新型文化业态"；党的二十大更是进一步细化为"实施国家文化数字化战略"和"健全现代文化产业体系和市场体系，实施重大文化产业项目带动战略"。由此可见，新型文化业态是一个相对概念，在不同时期有着不同的内容指向。关于新型文化业态的定义，学界存在着不同的观点和主张，但都强调将高新科技特别是数字技术应用于文化生产，具体业态则包括数字创意、数字出版、网络视听、数字娱乐、线上演播等。在中华优秀传统文化传承和发展的实践路径中，要特别强调创新文化业态的重要性。发展好新型文化业态，既是中华优秀传统文化传承和发展的必然选择，也是提升优秀传统文化生命力、满足人民群众日益增长的美好生活需求的必然要求，还是中华优秀传统文化传承和发展成功与否的标志之一。

一、中华优秀传统文化在新型文化业态中的多元表现

近年来，中华优秀传统文化作为新型文化业态的重要内容支撑和思想指

引，在影视、音乐、动漫、游戏等多个领域进行着多层次的市场创新，在内容创意、风格设计、产品生产、营销推广、服务创新等多个层面形成规模效应，"新国潮"成为年轻人关注和喜爱的时尚潮流，不但取得了良好的经济效益，更为提振民族自信、凝聚青年力量奠定了良好的基础。

第一，以多元形态创新表达中华优秀传统文化。近年来，一系列反映中华优秀传统文化的电影和电视剧层出不穷，用大众喜闻乐见的方式将民族文化与影视艺术有机结合，形成了极具创新性的影视艺术形态。特别是数字动画技术的广泛应用和 3D、VR、AR 等表现形式的出现，更让中华优秀传统文化的魅力得以充分释放，产生了如《西游记之大圣归来》《哪吒之魔童降世》等一系列优秀动画电影，通过对传统神话或历史事件进行全新的诠释和改编，既保持了原有的神韵，又充满时代气息和艺术张力；通过借助先进的数字动画技术，生动直观地表现出极具东方特色的艺术审美。综艺节目领域同样大放光彩，CCTV 先后推出了《中国诗词大会》《国家宝藏》等以弘扬中华优秀传统文化为宗旨的电视节目。

第二，通过"文化 + 科技"不断丰富多元文化消费形式。随着科学技术在文化领域的广泛应用，引发了文化生产、传播和消费的深刻变革，由此诞生了许多新的文化形态，持续更新着人们的生活方式和娱乐形态。数字技术和网络信息技术的应用首先体现在传播方式上的突破。21 世纪以来，媒介所处的传播场经历了巨大的变革，文化传播已从"全域""全天候""全民"走向"全媒介"。以传播中华传统文化为中心的新媒体，不仅满足了大众对传统文化的认知需求，更一改过去文化生产的高大上姿态，在传播内容、传播策略、传播方式、传播方向上表现出明显的技术性特点，形态丰富，生动有趣，深受各年龄层、各知识层人民群众的喜爱。其次，随着软硬件载体、信息处理、大数据等新技术手段不断充实到新型文化业态，更多的创新基因也注入文化创意和创新发展之中，产生了一大批前所未有的创新创意作品。每一次科技发展都会催生出全新的文化形态，从而促进文化传播的层次和传播理念的改变。基础教育甚至是高等教育的普及，使普通大众对文化产品的需求也越来越高，丰富多样、快捷多变、雅俗共赏成为对文化产品的最根本需求，以"文化＋科技"为核心竞争力的新型文化业态，将会以独特和不可取代的优势赢得大众喜爱，推动文化服务业的发展和文化产业链的整合。比如近年来借助虚拟现实技术快速创新的舞台艺术，就涌现出了多部备受关注和好评的优秀代表作品，如登上央视春晚的舞蹈诗剧《只此青绿》，河南卫视推出的《唐宫夜宴》《天地之中》《龙门金刚》《七夕奇妙游》等，都对中华优秀传统文化的展示、宣传和传播起到了良好的推动作用。

第三，文化产业的发展为中华优秀传统文化的多元传播提供了新机遇。随着我国经济社会的快速发展，文创、文旅、文娱等文化消费成为人民群众的重要消费类型，文化产业已经成为我国重点发展的支柱性产业。一个拥有14亿人口的庞大消费市场，对文化产业发展的支撑作用不言而喻，更重要的是，这个消费市场对文化产品质量和思想性的需求还在不断提升。党的二十大报告将繁荣发展文化产业摆在了重要位置，提出要"健全现代文化产业体系和市场体系，实施重大文化产业项目带动战略"，"坚持以文塑旅、以旅彰文，推进文化和旅游深度融合发展"。基于中华优秀传统文化的文创、文旅、文娱等新兴文化业态方兴未艾，以优秀产品满足这一领域的巨大市场需求已是文化生产和传播的当务之急。

第四，多元市场推动新型文化产业快速发展。新型文化产业具有现代服务业属性，凭借快速的技术进步、活跃的消费需求、先进的现代流程体系、国际化的发展趋势，已经成为真正的高端朝阳产业，庞大的市场和广阔的发展前景吸引着更多人才和资本的加入。很多国外文化产业机构都看到了这一巨大商业机会，将中国元素融入他们的文化产品之中，其中最受关注的就是中国传统文化元素。从某种层面上说，这既是对中华优秀文化内容的认可，也是对中华优秀文化的抢占。面对这一现实，我们必须十分注重并积极应对，以更具创新力的手法表达、更深层次的文化挖掘、更广泛的文化内容和文化符号提炼，不断推动中华优秀传统文化的国际化传播，提升其影响力和生命力，并以此为契机带动我国文化产业的高质量发展。

二、中华优秀传统文化在新型文化业态中的创造性表现

目前，我国新型文化业态已进入快速发展期和重要机遇期。在中华优秀传统文化的基础上融入现代先进观念，以大众喜欢的形式催生新的文化形态，创造性地丰富中华优秀传统文化的展现形式，是当下文化从业者的光荣使命。

首先，要善于挖掘和创新中华优秀传统文化在新型文化业态中的表达方式，借助新时代内涵和新技术手段提高其文化魅力。优秀的文化作品往往是思想内涵丰富和艺术表现手法精湛相结合的结果。虽然新型文化业态的产生和发展离不开现代科技的推动，但我们必须深刻认识到：科技只是影响因素之一，"内容为王"才是根本。如果没有内容支撑，再先进的科技表达都只是空壳。因此，新型文化业态发展的关键和核心不在于单纯的科技和经济投入，而是聚焦"文化＋科技"跨领域创意人才的培养和导入。内涵丰富、包容开放的中华优秀传统文化具有强大的生命力和适应性，不但能够适应新型文化业态，更能为新型文化业态的发展提供源源不断的内容。越来越多的国外文化产品开始融入中华传统文化元素这一事实告诉我们，新型文化业态的发展离不开对现代全球文化产业具有深刻理解和专业能力的优秀文艺创作人才，强化对中华优秀传统文化的发掘能力、解读能力和转化能力。唯有如此，才能实现将中华优秀传统文化和新型文化产业有机融合，建立具有中国底蕴和中国特色的现代文化产业和国际传播体系，并始终保持对中华优秀传统文化的思想内涵进行正确表述的话语权。

其次，要善于把中华优秀传统文化和大众化文化产品有机结合，创造出一系列的当代文化精品。优秀文化作品的生命力既来源于先进的文化思想，也取决于高超的艺术表达。我国文化产业市场规模大，创作成果丰富，但优秀作品的整体比例还不够高，具有较强经济效益和影响力的单一作品数量还不多，具有较强国际影响力和海外传播力的作品更是缺少。我国虽然是全球文化产品的出口大国，但这更多的是指玩具、乐器等文化产品制造，具有深厚文化内涵的文化精品还需要进一步挖掘。为了更好地将中华优秀传统文化与新型文化产业相结合，就要着力吸引优秀人才加入，创造有利于创新创造

的良好文艺创作环境，从而探索出更多更加多元化、现代化的艺术表达方式。

最后，要把实现中华优秀传统文化的多元表达提升到保障国家文化思想安全的高度。在后工业化社会的背景下，国家间的竞争已经从追求经济总量和政治军事硬实力，转向了比拼文化软实力。音乐磁带、激光唱盘、MTV、电影、电视、视频、奥林匹克运动会、世界拳王争霸赛、世界杯足球赛……这些文化体育载体和活动无不体现出一个国家软实力的大小，以新兴文化产业的身姿凸显出一个国家的文化地位。发达国家的电视节目不但主要都是本国生产的，还往往面向全球出口，而许多第三世界国家的电视节目中，国外节目往往占到绝大部分，这一现象反映出国家综合实力与文化软实力的关系。为应对这种情况，文化实力相对较弱的一方虽然可以通过限制国外文化产品的输入来保护本国文化产品，但这类措施毕竟属于被动应对，最佳措施仍是主动实现自身国家文化产业的强大和自主。从这个角度上说，发展新型文化产业不但是经济需要，更涉及文化主权安全。积极发展新型文化产业并融入中华优秀传统文化思想，不但可以有效地维护自己国家和民族的文化主权安全，也可为世界文化市场提供更具东方智慧的多元文化产品，帮助其他国家维护国家文化主权安全。

总之，新型文化产业由于其新颖多样的文化产品、平易近人的消费形式、极具创意的表达方式、强科技属性的准入门槛和低成本、高效率、快速迭代的工业化生产能力，具有广泛的传播性、渗透性、接受性。在对中华优秀传统文化进行创新性表达和创造性发展的过程中，我们必须坚定不移地坚持中华优秀传统文化的本质与核心价值观，在保持特质原汁原味的基础上不断提升新时代境界，丰富新时代表达手法。文化传承的意义就是巩固根基、开拓创新。我们要怀着敬畏之心，守正创新，努力把中华民族的厚重历史、丰富的民间文化、优秀的人文理念融入文化创意，通过文化创新赋予新时代内涵，打造具有特色形态和特色内容的知名品牌，让中华优秀传统文化以"可看可听可触"的方式，让国内外人民接触、理解、热爱、拥护，为中华民族伟大复兴的"中国梦"提供强大的文化动力和坚实的政治、文化、经济后盾。

第四节　中华优秀传统文化的传承路径

习近平总书记提出："文化是一个国家、一个民族的灵魂。""文化自信是更基本、更深沉、更持久的力量。历史和现实都表明，一个抛弃了或者背叛了自己历史文化的民族，不仅不可能发展起来，而且很可能上演一场历史悲剧。"因此，唯有以追根溯源的执着深入探寻中华优秀传统文化的现代传承路径，才能实现中华优秀传统文化的生生不息，始终成为中华民族繁荣发展的"源头活水"。

一、深入理解传统文化内涵

（一）厘清源头，明确概念

文化发展是一个不断变化的动态过程，每个国家的文化都有其各不相同的昨天、今天和明天。梁启超曾说："文化者，人类心能所开释出来之有价值的共业也。"中华优秀传统文化是中华民族文化自立的"源头活水"。它不仅是一种从过去历史上传承而来的陈列品，更是一种活生生的生活方式。黑格尔曾经说过："传统并不仅仅是一个管家婆，只是把它所接受过来的忠实地保存着，然后毫不改变地保持着并传给后代。它也不像自然的过程那样，在它的形态和形式的无限变化与活动里，永远保持其原始的规律，没有进步。"传统是人类社会存在的产物，更是人类社会继续存在的基础。只有尊重传统，人类才能继续历史；也只有不断发展传统，人类才能持续发展而不至于陷入停滞。但我们必须清晰地认识到：中华传统文化的传承和发展需要正本清源、去粗取精。"中华优秀传统文化"这一概念的引入，使人们从纷繁芜杂的文化迷宫中寻找出最为优秀的核心部分，不仅可以更为完整地认识到传统文化的演变脉络，也能避免被无穷无尽的细枝末节所吞没。通过筛选优秀部分进行传承和发展所带来的数量减少，也节省了很多的精力、人力、物力，专注于探寻、传承、保护和发展最优秀的核心内容。可以说，中华优秀传统文化外延的收缩和内涵的提炼，是我们传承和发展中华传统文化的理论基础和实践可能。

（二）认识内涵，划定圈层

文化从表现形式上看，是具有一定内在结构的有机联结体。不同国家和时代的学者对文化结构提出了各种不同的观点，如文化人类学家马林诺夫斯基的"文化三因子"说、历史学家钱穆的"文化三阶层"说等。从普遍性的视角，文化有"显"与"隐"之分，并因此形成了"显""中""隐"三个层面。在探究中华优秀传统文化的内涵时，我们也可以基于这一视角画出圆周，为文化自信注入一股活水。

首先，表层文化为具象知识所形成的具象化文化主体，也就是通常所说的"物质文化"。"物质文化是人类的物质生产活动方式和产品的总和，是可触知的具有物质实体的文化事物。"据此可以看出，物质文化既能满足人们基本的住、食、住、行需要，又能进一步满足生产生活的劳动需要以及休闲娱乐的精神需要，是人在社会实践中对自然物的利用和改造，包含着人的价值取向。

其次，"中层文化"指的是人们在社会实践活动中形成的各类社会组织规范，也被称为"制度性文化"。一旦物质文化生产达到一定规模，就会变成一种社会活动，也就必然会形成一定的社会关系。"人化自然"是人类创造的一个属于自己、服务自己并且制约自己的社会环境，这就是人在对自己的不断反思中，实现"自然人化"，并由此产生了"人化自然"的结果。于是，人类通过这种方式创造出"规则"，并将其转化为社会制度、社会组织与政治体制。

最后，"深层文化"是指以社会意识、社会观念为主要内容的精神文化层面，是人类精神力量的内在化。"社会意识形态是指经过系统加工的社会意识，通常是由文化专家对社会心理进行理论归纳、逻辑整理、艺术升华，并以著作或作品等物化形态固定下来，流行传播，垂于后世。"如政治理论、法律关系、宗教信仰、文学艺术等。社会思想的最高抽象和提炼就是哲学思想。

通过对中华优秀传统文化进行显性、隐性内涵区分，可以更加清晰地认识不同文化圈层的内容及特点，从而有针对性地进行时代化传承和发展。一方面，要注重对中华优秀传统文化中显性文化的保护和传承，强化对物质文化遗产的保护和对非物质文化遗产的传承，并结合文化产业进行创新性开发，不断丰富人们的物质文化需求；另一方面，也要注重对中华优秀传统文化中的隐性文化进行深入挖掘、整理并持续进行创造性转化，将优秀传统文化的理论和精神运用到当下和未来的社会实践中，发掘和发展传统精神文化财富中与时代需求相适应的内容，形成不失传统精髓又融合现代发展的新时代中国文化。

二、积极应对传统文化的现代化危机

在当今文化自信的时代语境之下，备受时代大潮冲击的传统文化如何应对现代化危机，成为一个亟待研究的重大课题。文化的诞生和发展，是人类有意识的行为的结果，而非自然事物的自发变化。从"过去"流到"现在"的中华优秀传统文化这股"活水"，要想顺畅地流到"未来"，需要我们有意识地采取系统性应对措施。著名人类学家费孝通先生曾提出"文化自觉论"，指生活在一定文化中的人要对自己的文化有"自知之明"，即明白它的来历、形成过程、特色和发展趋向，从而增强自身文化转型的能力，获得在新的时代条件下进行文化选择的能力和地位。此外，文化自觉还表现为应具有世界眼光，能够理解其他民族的文化，增强与不同文化之间接触、对话、相处的能力。在中华优秀传统文化进行传承和发展的过程中，必须认真平衡好保持传统与时代转化之间的微妙关系，确保传统文化始终是"活水"而不变成"死水"。

（一）打破全盘否定观念，重构传统文化自信

千百年来，中华优秀传统文化始终为中华民族进步和社会发展注入源源不断的活力。然而近代以来，随着国力衰退和列强凌辱，中华传统文化被认

为是导致落后的主要原因而遭到全面重新审视，对中国未来文化发展的路径也进行了前所未有的颠覆性反思。有学者提出"冲击—反映论"观点，认为以儒家思想为中心的中华传统文化是一种没有生命力的死气沉沉的文化，是西方的冲击产生了彻底改变中国社会结构的力量，推动了中国的现代化进程。这种观点只看到了传统文化对中国现代化过程的负面影响，进而将其归结为一种"障碍"，显然是片面的。在这种时代背景和思维方式的影响之下，我们不难看到诸如"全盘西化论""完全重构说"这样彻底否定中华传统文化的倾向。"全盘西化论"认为西方的一切都是优秀的，自己的一切都是糟粕的，在鄙视传统文化的同时彻底丧失了民族自豪感和文化自信心。"完全重构说"认为要想建立中国的新文化，必须完全颠覆传统，让它在最短的时间内消解、崩塌，由此必然陷入"历史虚无主义"和"文化虚无主义"的泥沼。

一个民族只有客观地认识到自身文化的缺点，才能扬长避短，向前发展；也只有客观地认识到自身文化的优势，才能充满自信，阔步向前。只有不断强化对自身文化的理解，充分认识到其中优秀部分为何优秀，才能在历史和时代的跌宕起伏中树立文化自信，看到传统文化的潜在价值，以及优秀传统文化时代化、现代化的曙光。

（二）消解全面接受桎梏，形塑文化传统自信

如果对中华传统文化的认识不够清晰和准确，一方面会走向全盘否定的错误方向，另一方面也会走向全面接受的错误方向。"全面接受论"无视中华传统文化中的糟粕成分，将传统文化一概视为优秀文化，拒绝客观理性分析和有选择地扬弃。这种错误的保守思想主张"振兴儒家文化"，认为中国社会的出路是恢复传统甚至"全面复古"。儒家文化思想虽然是中华传统文化的核心，却是在封建王朝统治的背景下，为适应农耕时代发展出来的，本身既不完美，也不适应今天的时代。全面恢复以儒家思想为核心的中华传统文化的主导地位，并以此来指导中国文化的建构，同样是缺乏文化自信的表现，既是对革命文化、社会主义先进文化的否定，也是对具有强大生命力的中华优秀传统文化的否定。

面对"一概而论"的错误认识，我们必须重新认识"传统"二字的深刻含义。"传"是"传统"的本质，故"传下去"是一条合理的、必然的选择。但这一观点往往只是粗放地看到了"传"中不变的部分，而忽视了"传"中有变的事实。传统的"传"从来都是一种动态的、充满活力继而不断生成新的活力的行为。中华传统文化在历史演进的大叙事中，既积累了大量的"合理性"内容，也积累了一定量的"不合理"内容，而"继承传统"正是一个不断进行适应性调整的过程。因此，从中华传统文化中辨析出优秀部分和落后部分进行选择性传承，本就是"传承"的本质属性，而非今天我们才开始提倡的新事物、新现象。唯有认识到优秀传统文化的这一产生过程，才能自信地进行现代文化传承和创新，让文化自信成为中华传统文化中最深层的优秀基因。

三、构建四维视角，支撑文化自信

在传承和发展中华优秀传统文化时，应该确立"古今中外"四个维度进行研究。

（一）古：寻古根，溯本源

在新的时代背景下，我们需要重新阐释中华优秀传统文化的价值取向和思想内涵，而这离不开追溯中华优秀传统文化的历史本源、发展脉络以及基本趋势，否则就容易舍本逐末甚至南辕北辙。

一方面，只有从共时的层面来阐释和理解中华优秀传统文化，才能树立文化自信。从本质上说，中华民族精神由中华优秀文化承载，深刻理解中华优秀传统文化的深厚意蕴，关键是深刻认识中华文化。孟子"富贵不能淫，贫贱不能移，威武不能屈"的浩然之气，庄子"天地与我同在"的理想精神，仲长统"人事为本，天道为末"的人文关怀，林则徐"苟利国家生死以，岂因祸福避趋之"的爱国情怀……所有这一切都是中华民族精神的具体体现，是我们不能忘记的"初心"。这些思想并不因时代的转变而转变，具有广泛的适应性和长久的生命力，是我们需要始终坚持和持续传承的精神核心。

另一方面，也要从历史的角度去追溯、挖掘中华优秀传统文化的本源与根脉，才能在波荡起伏的历史洪流中沉淀自信心。正如列宁所说："只有确切地了解人类全部发展过程所创造的文化，只有对这种文化加以改造，才能建设无产阶级的文化，没有这样的认识，我们就不能完成这项任务。"（《青年团的任务》）我们今天要建立文化自信，就需要科学地研究和分析中华传统文化的历史脉络，从而对中华传统文化如何形成今天的面貌产生正确的认识，进而对中华传统文化如何应对今后的外来文化形成正确的判断。马克思主义在中国的普及，将中华文化推向了一个崭新的高度。在文化史的考察中，中华文化从古至今纵向流动，强大的创造性和包容性使中华优秀传统文化始终保持着不竭活力，不断凝聚着时代精髓，从来都不是一件死气沉沉的陈列品。这种对历史的审视使我们认识到"海纳百川""与时俱进"的合理性，从而充满信心地开展中华优秀传统文化的传承与发展。

（二）今：望今夕，守活水

面对快速发展的时代浪潮，很多人都会感叹"时代变了"，尤其是与父辈的人生进行比较时，这种感触更为深刻和直接。然而，文化的变迁并非只发生在我们身上，而是贯穿于全人类的历史。传统的行为方式会随着时代的演变和人的需求的变化而产生改变。我们不得不承认，今天的时代变化的频繁和剧烈，是历史上从未有过的，历经千年风云变幻的中国传统文化虽然仍在延续，但确实面临着严峻的现代化困境。只有经过创造性转化和创新性发展，才能达到文化的自立和自强；只有适应现代化、国际化的传播方式，才能让本民族的优秀文化被当代的本国人民和世界人民所接受和尊敬。

在传播方式上，有"地域性文化中心论"，也就是将一个特定区域作为某一地域性文化的中心，通过它与其他国家地区的交流将该地域性文化传播到了全世界；也有"平行传播论"，认为世界上存在多种不同的文化复合体在同时传播，而且传播的内容也多种多样。只有正确选择传播方式，才能有效促进传统文化的现代化发展。中华文化使东亚文化的核心，我们既要充满历史自信、现实自信和未来自信，又要认识到当代多元文化、新兴文化不断涌现的现实。"问渠那得清如许，为有源头活水来。"只有站在更加宽广的时空背景下，才能更好地体味中华优秀传统文化的博大精深，才能真正认识到世界文化的浩瀚和多样，从而找到中华优秀传统文化传承与发展的正确方向。

（三）中：立于中华，庇护清流

在我们提倡文化自信时，净化文化生态是首要之事。"文化生态"是指由各种内外要素以及它们之间的相互作用所构成的生态关系。过去的一段时间里，中华文化的发展状况一度令人忧虑，主要体现在文化生态上的失衡，对国家传统文化的曲解，以及过度强调娱乐文化带来的市场冲击。要想发展好中华优秀传统文化，最有效的途径就是政府扮演好"激浊扬清"的角色，通过政策和法律两只手，为文化发展创造良好的生态环境。

政策层面，一是加强顶层设计。我们要从坚定文化自信、坚持和发展中国特色社会主义文化的高度上，将加强制度保障作为做好传承和发展中华优秀传统文化的重大任务来抓，形成一套符合国情的体制与机制。二是加大制度保障，突出系统协同作用和可操作性，特别是资金和资源的投入保障。三要制订文物与非遗保护专项计划。四是简化与中华优秀传统文化有关的行政审批及相关业务流程，在商标、专利、品牌等方面为中华优秀传统文化的传承和发展提供便利。

法律层面，一是做好立法工作，进一步完善中国特色社会主义文化法治体系，为文化市场经济、文化艺术创作、文化遗产保护与文化安全提供有力保障，创造良好的文化法治环境；二是强化执法监管，不断提高文化法治水平，加强对与中华优秀传统文化有关的法律、法规的执行情况的监管；三是普及文化法治观念，增强文化领域的守法意识，提高整个社会的文化法律意识；四是要通过知识产权保护等方式为优秀传统文化的传承者和发展者提供法律保护。

（四）外：放眼海外，百川汇海

马克思曾说："过去那种地方的和民族的自给自足和闭关自守状态，被各民族的各方面的互相往来和各方面的互相依赖所代替了。物质的生产是如此，精神的生产也是如此。"随着全球化的推进，世界不同国家和民族人民的精神文明成果日益被其他国家和民族的人民所熟知和接受，民族的片面性和局限性越来越小。在这种背景下，中华优秀传统文化应该以何种姿态参与国际文化合作与交流，成为一个重要课题。张岱年认为，一个国家的文化必须与其他国家的文化发生碰撞和融合，才能得到更新和发展，这是一种文化发展的规律。

相对于世界上其他国家的文明而言，中华文化由于受地域、经济、体制、历史等因素的影响，在漫长的历史中形成了以自我为中心的文化心理，具有很强的文化优越感。这种观念很容易滋养出文化自大的心态。近现代以来，由于受西方列强压迫欺凌，一部分人又走向了另一种文化自卑的极端。对于如何走中西文化交流融合之路，至今仍有很多不同意见。我们必须认识到：一个民族在融入国际文化交流过程中，所呈现出来的文化软弱性和保守性并非仅仅由文化自身的强弱优劣所致，还在于其背后所蕴含的经济和科技因素。在实现中华民族伟大复兴的今天，民族文化的自信与开放既是文化发展的需求，也是必然结果。

第一次工业革命是由技术革新驱动的，它产生了"大工业"，并催生了"近代市场"。马克思曾经在《共产党宣言》中提出："资产阶级除非对生产工具、对生产关系、从而对全部社会关系不断进行革命，否则就不能生存下去"。"资产阶级，由于一切生产工具的迅速改进，由于交通的极其便利，把一切民族甚至最野蛮的民族都卷进文明中来了。"在文明的碰撞中，无论是主动还是被动，后进国家都需要学习和模仿先进国家的科学技术成果。因此，在中西方文化交流的过程中，我们既要树立"平等""全球化"等现代理念，又要大力发展科技，与西方国家并驾齐驱，以"硬实力"支撑"软实力"，从而真正做到"四个自信"。

人作为一种文化的生存状态，难以逃脱"我是谁，我来自何方，我将去向何处"这些形而上的问题。传统为我们划出了自身在人类中的边界，通过了解、理解民族传统，我们的心灵有了栖息之处，文化身份也得以呈现。从社会生活角度来看，社会的基本秩序也得到了维持。因此，坚守与传承优秀民族文化传统，是文化自信最为珍贵也是最为关键的立足点。

第八章　中华优秀传统文化传承
创新融入教育改革

现代文化创新与教育创新是紧密相连的。教育是人类文化的一种传递活动和催化活动。一方面，任何社会都要通过教育向个人传授一定的价值观念、文化规则、生产技能和知识，把人引进文化传统。在这个意义上，教育执行着社会遗传或者说文化传递的特殊功能。另一方面，各个时代又可以把新的时代需要和对未来的期望以及对人和世界的新认识灌输到教育中，通过教育形成人类文化的新因素。尤其重要的是通过教育可以培养出不但承载文化而且有能力创新文化的人才，因而能不断增进文化积累。在这个意义上，教育又是文化的一种创新活动。由于这两方面的功能，教育成为连接过去与未来的中介。由此可见，文化创新和教育创新是紧密相连的。教育创新的目的是以科学的理论武装人，这里的科学含义就包括了哲学、社会科学和自然科学等文化因素。因此，文化创新在教育创新中不是可有可无的，而是对教育创新起着非常重要的推动作用。

第一节　优秀传统文化传承对教育改革的
意义

文化创新与教育创新是一对孪生姊妹，文化创新必将对教育创新产生很大的影响，而教育创新也不可避免地影响着文化创新。这就迫使人们用冷静客观的态度对现行文化观念、文化制度等方面进行全方位的反思与创新。

文化创新对教育创新的意义在于教育的创新是可以用文化来解读的，也只有通过文化解读的教育，才会更具时代发展性和战略性，才能创造一个更为广阔的发展空间。在一种新的教育文化形态下，它所树立的规则，将伴随着社会文化运动的需求来实现学校的既定目标，这种教育文化的规定性将会以独有的生命活力促进教育的创新发展。

一、教育创新本身就是一种文化活动

从词源上看，文化与教育是紧密联系的。"文化"一词在拉丁语和古英语中具有"耕耘"和挖掘土地的意思，表明了文化与劳动的天然联系。后来罗马思想家西塞罗所用的文化一词"Culturementis"（耕耘智慧）具有了改造、完善人的内心世界，使人具有理想公民素质的意思。18世纪法国学者沃弗纳格和伏尔泰所用的"文化"一词指训练和修炼心智的结果和状态，用来描述受过教育的人的实际成就，通过教育能够获得的东西。在希腊文中，"Paideia"一词相当于中文"教化"的意思，法语中的"教育"（Pedagogie）即源于此词。现在的英语中也用"Pedagogy"指称教育学。中文的"文化"一词由"人文化成"演化而来，是指通过教化把人培养成有教养的人的过程，即"教化"的意思。由此可见，在中文和英文中，"文化"与"教育"在词源上都是有直接联系的，这种词源上的同义性反映了两者关系的直接性和密切性。

从起源上看，教育属于文化范畴，教育本身是起源于文化的。教育起初作为一种模仿、示范、传习活动是在有了初始文化之后，人们是在长期不断地"尝试错误"之后，明确哪些事可以做、哪些事不可以做、哪些事应该做，才开始了人们之间的教育活动的。因此，教育是建立在文化的基础之上的，其本身就是人类文化成果的表现形式之一，它使得后代人可以不必重复前人所走过的坎坷与曲折，完全可以通过教育而获得先人所积累的生产知识和精神价值观念，从而简捷地获取物质生产和精神生产的能力，并进一步进行旧有文化的改造、发展和新文化的创新。

教育的传递功能是其基本功能。教育的传递不是生物水平上的传递，而是文化意义上的传递，是社会文化的积淀，是对社会文化世代连续性过程的同化和顺应而引起的文化潜移。社会通过教育将前人所积累的生产和生活经验、道德观念和行为规范、科学知识和人文知识等，有计划地传递给下一代。正是由于教育活动，人类文化才能够一代一代承接下去而不中断，也正是基于这一基本特征，教育才具有永恒性，以至于有的辞书把教育定义为"人类传递文明的手段"。

二、教育在不断的文化创新中使文化永葆活力

作为人才培养的教育过程，除了对文化的选择和传递外，还包含对传统文化的变革和创新。任何一种教育都会影响人的价值观念、知识结构、个性特点和行为方式，进而又以行为和语言的形式表现于社会生活之中，丰富和更新原有的文化系统，改造原有的文化结构，从而对社会文化起到一种强烈的活化和促进作用。正如黑格尔所认为的那样，文化遗产，当我们去吸收它并使它为我们所有时，我们就已具备了某种不同于它以前的特性。于是，那种接受过来的遗产就这样改变了。

这就是说，文化传递事实上也是一种文化涵化，即系统的重组。这种选择与重组既包含各个原有文化要素的选择组合，同时又包含了自己的理解与判断，从而导致整个系统发生不同性质的变化。教育使人类在历史进程中所形成的人类固有的本质移植、内化于新一代的个体之中。这种移植并非使这种固有本质原封不动地承袭下去，其往往会因教育的选择和环境因素变化而产生一定程度的嬗变，以致教育在塑造新一代时，会有新的需要、新的品质和新的观念。作为文化载体的人的变化，无疑也意味着传统的变革和文化的变迁。借助于科技文化再生产，实现人类自身素质的再生产，这是教育本质的一般规定。

因而，教育实际上又是一个旧文化的发展和新文化的创造的过程，教育的根本目的和最高目标也便在此。制定教育发展战略的教育方针，进行教育改革，都是为了文化创新，并且必须指向文化创新，否则就是不健康的教育或因循守旧的教育。

教育是创新性文化生产的重要基地。文化就其内容而言是物化了的精神产品，它同物质产品一样，都是人类劳动的结晶。人类劳动创造文化产品的

过程，即是进行文化生产的过程。教育的作用，一方面是把历史上的文化产品继承、传递下来，因而必须把它们再生产出来；另一方面，更重要的是进行创新性文化生产，对以往的积累和现实经验进行综合加工，从内容上开拓创造新文化。

创新性文化生产出来的是用来满足人类物质活动和精神活动所必需的思想观念形态的产品，如科学、哲学、政治、法律、文化、艺术、道德、宗教的观念和理论体系等，而这主要是通过教育来实现的。由此可见，创新文化的提出是文化创新的产物。一个新的文化教育崛起，首先应意识到已有什么样的文化，而又缺什么样的文化，并在适应新的文化运动中抵消滞后的垃圾文化，从而支撑起文化育人的保护屏障，建立一种可持续发展的机制。而目前教育以客体为载体对社会文化的偏离，教育以理念的偏失应对未来发展的畸形思路，教育以在文化的跟进中对时代的误判，教育在文化策略和战略构建中对社会文化的失衡，正是提出教育新文化价值重建，在适应社会文化运动中要解决的课题的必要性所在。这是教育文化自觉意识的觉醒，也将为文化育人的实践提供不竭的动力与创新的源泉。

（1）文化生产的劳动者及其文化创新的能力是通过教育培养出来的人的语言能力、科学抽象能力、辩证思维能力、科研那能力、创造能力等，主要是受教育之后获得的。一个人受到的教育越多、越高，文化生产的能力就越强。现代教育更注重创新型人才的培养，坚持知识、能力、素质的统一，全面提高教育质量。

对一个国家、一个民族来说，教育是一项最根本的事业。国家的发展，民族的振兴，文化的繁荣，要靠教育、靠知识、靠人才。一个国家的教育水平、培养的人才的数量和质量，决定其文化创新的数量、质量和速度。近代以来，世界科学活动中心的几次历史性转移已经充分证明，一个国家的教育发展水平，同其科学文化的水平成正相关，因此建设有中国特色社会主义文化，就必须大力发展教育，培养宏大的工人阶级知识分子队伍，充分发挥他们的积极性和创造性，并要求他们"加强学习，提高自己，努力成为先进思想的传播者、科学技术的开拓者，四有公民的培养者和优秀精神产品的生产者，同广大工人、农民一起，为中华民族的振兴建功立业。"

（2）现代创新教育为创新型文化生产提供了大量优质的劳动资料、先进的生产工具和物质手段。

科学技术的进步，为现代教育提供了先进的设备和手段，能够迅速地传播、加工和处理各种科学文化和信息，使教育具有较高的文化产品生产率。在现代教育机构中，有先进的实验设备、专门的科研机构、较高水平的科研队伍，有健全的图书情报资料系统，有合理的科学劳动结构和较好的科研管理，为创造性文化生产提供了良好的环境条件。

教育是精神生产力系统中一个重要的部门，大量的精神文化产品是由教育生产出来的。由于精神文化产品本身就具有教育功能，因此要发展教育，就必须对历史和现实的精神文化产品进行搜集、加工、整理和概括，从而也就提高了精神生产力。另外，由于教育本身就具有探索性、创造性，它不仅传授已有的文化知识和方法，而且必须对前人遗留下来的一些思想、资料进行加工改造和综合概括，从而获取新的文化知识和方法，这种获取新知识、新方法的过程，也就是生产新的精神文化产品的过程。

当然，旧的文化的发展或创造的新的文化，开始时往往只是作为一种亚文化。如果这种文化不为社会认同，可能只是昙花一现，湮没无闻，而如果这种文化为社会所接纳，就有可能逐渐地融入或取代传统文化而成为主流文化。"五四"时期所提倡的科学与民主，所引进的马克思主义思想，就是滥觞于校园而成为现代中国的主文化，并在与中国原来的传统文化冲突、融合中，逐渐成为有中国特色的社会主义新文化的。

对文化的创新，就其教育领域来说，主要是由高等教育来承担的。基础教育是将经过评价、选择的文化精华传递给学生；高等教育则能够通过科学研究和种种创新性活动，不断地创新新文化。大学是各种学术思想聚集的园地，也是文化交流的窗口。大学教师学术视野较为宽阔；大学生、研究生、留学生来自四面八方，求新好奇，反应敏捷。校园经常成为异质文化碰撞的中心。异质文化的交流、冲突、重组、融合，给予高等教育创新文化的机遇。不论是中国古代的稷下学宫，后来的书院，或是欧洲古代的雅典大学，还是近代、现代的自然科学的发明和社科新理论的出现，无不与大学密切相关。

因而，为了达到文化建设的最高境界——创新文化，必须大力发展教育事业，尤其是高等教育专业。高等教育是在最高知识水准上进行的文化传递，它所担负的"研究高深学问"的任务，就是要把散落和被淹没在历史泥石流中的那些真正有价值的文化珠玑发掘出来，拂其泥尘，露其真容，并尽量联结成串，以让它们留传后世，为建设具有中国特色的社会主义文化锦上添花。

三、教育促进文化创新，文化创新必须依靠教育

从文化的属性上审视教育创新，可以发现，教育创新以文化的潜规则来解读教育发展的状态，用文化的定位来体现教育的社会价值，这是一种能动的态势，是内在的灵魂中形成的终端驱动力，是从文化创新的角度来推动教育的品牌、品质和创新。

教育活动与物质生产活动相比，它的一个重要特点，就是它是一种认识活动一种文化活动。教育对文化的传递、选择和创新是系统的整体。传递的是经过选择的文化，创新的是经过传递的文化。创新是为了更好地传递，选择是为了有目的地创新。没有选择就没有传递，没有传递就无所谓选择。没有传递哪来的创新，而没有创新选择还有何意义？教育正是通过不停地选择—传递—创新—再选择—再传递—再创新的循环往复的过程，使文化得以形成、发展、延续，它是文化的传递与传播，是文化的净化与升华，是文化的创新与发展。

教育创新是以文化为基石，以文化为媒介，以文化为实体的活动。因此，进行文化创新时，必须以最现代化的文化、科学为内容，以最先进的技术和设备为手段，以广阔的活动方式（生产方式、消费方式）为基础，以人的现代化为目标，对学生进行创新教育，全面继承人类的优秀文化遗产，融合现代科学精神，创造出代表社会发展潮流的主流文化，否则就不能适应现代社会发展的需要，也就不会有具有中国特色的社会主义文化。

第二节　现代教育改革的内涵

创新，是人类社会发展的动力。因为，新生事物不断替代旧事物，是客观世界发展的普遍规律。从这种意义上说，历史是创新的产物。创新，是时代发展的宠儿，是时代发展的特征。21世纪，我们将进入知识经济时代，智能化时代，比电脑快上千倍的光脑时代，太空科技经济时代。可以说，谁掌握了创新，谁的手中有了较多的创新，谁就把握了未来时代发展的主动权。

创新，是经济发展的动力与主宰。"科技是第一生产力"，一项重大的科技创新，能转化为巨大的生产力，能推动经济高速发展，迈上一个新台阶。实施科教兴国战略的前提是科技创新，是大力提高全民族的思想道德和科学文化素质。社会进步、时代发展、经济腾飞都离不开创新，那么，它们的共同基点是什么？是教育。没有现代化创新教育，就没有现代化经济。没有创新教育，就没有经济攀升、腾飞的实力。没有创新意识的教育，是没有灵魂、缺乏生命力的教育。现代教育的实质就是创新教育。

现代教育创新是一个动态的开发系统，目的是开发人才的创新意识，培养创新型人才。教育创新对人才来说，不仅是信息的输入、知识的积累，更重要的是打开人才大脑各种储存渠道，通过创新性思维，培养创新能力，冲破现有知识圈的张力，发展现有知识，创造新的知识。其显著的特征是，要通过创新教育设法超越现有的知识范畴，发明新方法，解决新问题，开创新局面。

一、现代教育创新的特征及内容

提高我国自主创新能力，实现经济结构调整和增长方式转变，提升我国的国际竞争实力，建设创新型国家，为构建社会主义和谐社会创造坚实的物质基础和科技支持，在很大程度上取决于我国人才特别是创新人才的规模与质量。而创新人才的培养，在很大程度上又取决于创新教育。

通过教育创新培养大量的创新型人才，是提高文化创新水平的基石。因此，必须废除压制创新力形成的传统应试教育，大力开展以创新精神为中心的全面素质教育。

（一）现代教育创新的本质特征

现代创新教育的最本质的特征是把人才的成长发展过程看成是一个系统工程，并把创新教育阶段自觉地纳入这个系统，以系统的总目标作为制订自身目标的依据，使之成为人才发展过程中连续的有机组成部分。

纵观人类文明的发展史，其实是一个不断遇到问题，又不断运用人类自身智慧解决问题的创新史。无数事实证明，凡是卓有成效的创新，必须具有远大目标的引导和与之相适应的知识结构和经验积累，是富有个性的创新。因此，教育创新在人才素质培养的过程中，应当始终结合受教育者的个性特点来施行。简言之，推行因人而异进行引导的创新素质个性化教育是人才发展过程的历史要求，也是提出创新教育的内在依据的要求，更是决定创新教育成败的关键因素。

（二）现代教育创新的内容

教育创新是在 20 世纪 30 年代发端于美国的一股教育思潮和教育运动，后来逐渐在全球推广。其主要内容有下述几个方面：

创新性教育。其是指在教育中努力贯彻提高受教育者创新力的原则，使提高创新力成为教育目标的一部分。在这里，创新教育已成为一种教育思想。

我们的各类教育机构，我们的全体教育工作者，对增强包括民族凝聚力在内的综合国力，承担着庄严的职责。教育在培育民族创新精神和培养创造性人才方面，肩负着特殊的使命。创新性教育的关键是将开发受教育者的创新力渗透和体现在各科的教学内容和教学形式中。因为创新本身就是一种学习过程，需要特殊知识的积累，因此创新教育的过程是一种有组织的，有时间顺序的、不可逆转的过程。创新是与"干中学""用中学"等活动紧密相关的，所以创新所需的知识与其说是一种大家都可获得的公共知识，不如说是一种带有文化创新色彩的知识，因为文化创新有其本身自然发展的途径。

虽然某种文化创新发生在某一时刻，但是如果追根求源，这个创新的实现一定已经有了较长的该种文化知识的积累过程和学习过程。没有这样的知识积累过程和学习过程，没有任何渊源关系，只是根据公共知识，而去实现某一部门的突然的文化创新，是无法做到的。

创新能力训练。创新能力是指能广泛应用科技知识，不断推进新生事物的产生与发展的能力。创新能力如何产生，有哪些要素？"知识—智力—能力"，就是创新能力的产生过程，其间有"两个转化"：通过教育学习，使书本知识、社会知识转化为学生大脑的智力；再通过主观能动性、大量的脑力劳动，使智力转化为学生能反作用于物质的创新能力。这两个转化过程，就是人们从认识客观世界到主观世界的能动，再到改造客观世界的过程。创新能力有"三个要素"：一是加强知识学习，这是培育创新能力的基础；二是激活主观能动性，这是培育创新能力的内因条件；三是善于引导与发现，这是培育创新能力的外因条件。因此，创新能力训练指的是面向受教育者，主要以提高他们的想象能力和思维能力为目标的系列教育，包括让受教育者解答各式各样的训练题、传授创新技法和发明经验等，如奥斯本的"头脑风暴法"，就属于这一类。另外，还有美国的戴维斯、特雷芬格等人提出的创新力训练模式。现代心理学发现，创新能力是与生俱来的一种潜能。从一定意义上说，人的自我实现，也就是实现自己的创新潜能；而所谓创新性，也就是独创性。这种创新能力通过训练是可以很快得到提高的。

在我国，对人才的创新力开发和训练主要有五项内容：一是破除习惯性的思维和工作模式，使人才学会灵活而完整地思维和创造性的工作模式。二是学习和掌握有效的创新方法和发明方法。三是开发脑力，充分有效地利用大脑。四是克服各种创新障碍，培养创新个性。五是促进形成适当的气氛和环境。

现代远程教育。现代远程教育工程主要包含高速传输平台建设、现代远程教育软件平台和资源建设、开展现代远程教育试点和相关的管理政策研究等方面的内容。

自 1999 年初国务院批转了教育部制定的《面向 21 世纪教育振兴行动计

划》以来，现代远程教育工程试点工作与现代远程教育工程的建设取得了显著的进展，目前中国教育和科研计算机网已连接了全国七十多个城市、七百多所大学和科研单位，用户数量达三百多万。

现在，据介绍，经过清华大学等高校的共同努力，CERNET 已开通了北京至武汉、武汉至广州、北京至南京、北京至上海、北京至西安等五条155M 试验线路，解决了网络堵塞的问题，提了高速的网络通道，保证了网络教学的开展和现代远程教育工程的顺利实施。全国大部分省市都将逐步开通高速传输线路。

创新素质的培养。主要是培养人才的创新能力和创造力。要使人才能借助于这种素质，在将来实现各自具体人生目标的过程中，一方面可以自觉地、有选择地吸取知识，另一方面又能主动地尝试着把所学的知识加以运用，以解决其所面临的问题。创新素质的培养主要包括三个方面：

创新意识的培养。创新意识是指基于对创新本质的正确理解，主体自身产生的一种敢于创新的觉悟及创新的欲望，它是主体进行创新实践的首要条件。因此，创新教育把受教育者是否拥有创新意识作为判断教育成败的最基本的依据。这就要求创新教育首先启发受教育者的思路，使他们树立强烈的创新意识。尤其是到了 21 世纪的知识经济时代，文化只有在创新中找出路，在创新中求发展。这就更加要求受教育者具有超前思维，未雨绸缪，不断增强创新意识和创新能力，努力把握文化创新发展的主动权，满怀豪情地迎接知识经济的挑战。

创新习惯的培养。创新习惯是指大量的固定储存于主体脑中的，能直接地或经过类比、推理、联想等思维处理后间接地为主体探索未知的实践活动提供参考、支持的主体创新经验模式。它是主体能不断地进行创新的得力保证，借助于它，主体能很快地从整体上、方向上把握整个探索过程，从而对未来的探索活动表现出一种从容的适应性。由此可见，教育阶段创新习惯的培养，其实质是受教育者在教师有目的的引导下，对未来创新活动的一种"预体验"，是对未来创新的有预计性的经验积累。

创新品质的培养。创新品质是指创新型人才进行成功创新所表现出来的某些共同心理特征及性格特征等，它是支持人们进行创新实践的非智力因素，包括动机、志向、目标、决心等。教育创新不同于传统教育的是，它并不以向受教育者传授一些具体的知识或技能为满足，而是注重受教育者的个性性格及心理素质的培养，从而使受教育者的智力因素得到最大限度的发挥。

由于创新是在旧事物的基础上进行前所未有的创造，是对文明的推进，因此获得创新成果绝不会是一蹴而就的事，创新者必然要经受无数次的挫折和失败。这就需要诸多非智力因素作为支撑，其中最主要的就是创新的品质。

创新实践教育。创新实践包含两层意思。一是通过实践来检验学生的创新能力。实践是检验真理的唯一标准，实践出真知、长才干、增能力。学生是否具有创新能力，是否具有符合时代精神的创新能力，都必须由实践来检验。学生在实践中又可以学到鲜活的知识，可以更有成效地培育和提高创新能力。二是教育与实践相结合的内容、形式、方法等，也需要不断创新，不断优化结合点、优化结合方案，追求最优化成果。教育与实践相脱离，严重阻碍了对学生创新精神和创新能力的培育，这是现行教育的主要弊端之一，因而，所培养出来的人才多是"书呆子型"，少有"竞争实力与拼搏气质"。坚持教育与社会实践相结合，强化教育的实践环节，优化人才培养模式，必须从整体上纳入教育结构之中，是教育创新应坚持的方向。密切与经济结合的创新实践途径有：

理论知识教育与市场经济研究紧密结合。教育必须有市场观念、经济意识，坚持为市场、为企业培育急需的合格人才，为经济建设主战场、企业生产经营第一线及时提供人力与智力资源。凡是市场经济运行的理论，都应纳入教育内容，写进教材，进入课堂。凡是市场经济发展所需完善、研究的理论，都应纳入教育部门的专题研究，融入整个教育过程之中。学校的专业设置、学科建设、师资队伍等，在设计、调整、规范上都应无条件地服从，服务于市场经济。

校园小课堂、小讲台与社会大课堂、大舞台紧密结合。关门办学，早已不符合时代潮流，不符合教育创新发展的趋势。教育只有与社会发展的脉搏、与经济发展的脉搏息息相通，才会具有强大的生命力。

积极开展社会实践活动，直接参与市场经济活动。要知道梨子的滋味，就必须亲口尝一尝。亲自参加，亲自感受，亲自体悟，是最深刻的实践。例如，让学生亲自参与革新工艺流程、策划新的品牌、推进科学管理、改善环保条件、设计新项目、改造设备、承包工程、推销产品等活动。让学生在这些真实的经济活动中，亲身感受市场经济的压力，尝一尝闯市场的艰辛"滋味"，闻一闻商场如战场的"火药味"，让学生从中开阔视野，展现才华，检验不足，明确自己的努力方向。

（三）现代教育创新的方法

创新能力绝非仅是一种智力特征，更是一种性格素质、一种精神状态、一种综合素质。一个人成才有智力因素和非智力因素的影响，非智力因素往往起主导作用。美国哈佛大学提出的情商教育观念，是对传统教育模式的巨大冲击。哈佛研究结果表明，人生的成就至多只有20%归诸智商，80%则受其他因素影响，如意志力、自信心、控制情绪、人际关系、团队精神、自我激励、思考方法等。一个人的素质像一座冰山，露出水面的容易被人看到的学历和专业知识只是一小部分，而真正决定一个人能否成功的是责任感、价值观、毅力、协作能力等。成小事主要靠业务本领，成大事主要靠德行和综合素质。对品德、合作精神、敬业精神的基本素质的要求，中外并无多大差别。

美国多家公司招聘条件显示，尽管每个公司对职工都提出了不同的岗位要求，但几乎每个公司都必备的两条要求是：自我激励精神和团队精神。世界经合组织就21世纪人才培养目标，调查了数十位世界著名跨国公司总裁，他们共同强调的素质是责任心、主动性、创造性、灵活性。绝大多数诺贝尔奖奖金获得者的智商处于中等或中上，他们最重要的品质是对事业孜孜不倦地追求和坚忍不拔的努力，以及对工作的执着。情商较高的人在各领域都占优势，成功的机会也大。情商其实就是一种为人的涵养，一种为人处世的道理，一种人格特征。心理学研究表明，人的创造性的发展程度与他的整个人格发展是高度相关的。这里包括他所持的世界观、人生哲学、生活方式、伦理准则、思维模式等。如富有创新性的人总是把世界上一切事物看作一种流动、一种运动、一种过程，而不是静止不变的。这种人不是固守过去，而总是展望未来；不是用过去来规定今天，而是善于用未来规划当今；他们总是不满足已经做过的，而是努力开拓未知的；他们满怀信心地面对明天，相信自己能使明天变得更美好。哈佛大学培养了6位美国总统，33名诺贝尔奖获得者，32位普利策奖获得者，数十位跨国公司的总裁。哈佛教育上的成就，在于教育方法的创新。思考方法作为思维方式，本身蕴含着巨大的智力价值，科学思维方式比某种专业知识技能更为重要。

二、我国教育创新存在的问题

从我国的情况看，创新教育起步晚、水平低，开展的成效也不够理想。与我国发展的需要相比，与世界发达国家相比，我国的教育创新事业还不发达，特别是在培养和造就创新人才方面，我们还存在很多不容忽视的问题。这些问题概括起来主要有以下几个方面。

（一）创新教育至今没有形成社会共识

教育，历来具有继承与创新两大功能。我国教育由于受传统教育观念的束缚，长期以来过多地注重"继承"，甚至以"继承"为主导，而忽略了"创新"的地位与功能。在中国几千年的封建社会里，文化教育主要是沿袭儒家思想，总体上是崇尚传统、遵师守礼，不重视创新教育，更不重视培养创新型人才。具体反映在"君要臣死，臣不能不死"的唯上思想，"万般皆下品，唯有读书高"的唯书思想，"两耳不闻窗外事，一心只读圣贤书"的唯圣人思想等方面。

自1905年正式"废科举，兴学校"以来，基本上承袭了西方的教育体制。西方传统的教育体制渊源于柏拉图的教育思想，认为只有通过理性获得的才是真正的知识，受教育为日后在等级分工的社会中就业做好准备，因而必须强调理性原则，侧重智育，并在教育的各阶段对受教育者进行分类、选择和淘汰。另一个有影响的是古希腊学者亚里士多德，他提出的是国民教育思想，认为国家为培养合格的公民，应对全民进行规范化教育，并按中等程度的标准进行合格考试。中世纪的宗教教学则为西方传统教育体制提供了教育方式、方法和形式，就是以教师为中心，以教材、教条为权威，注重课堂纪律，采取注入式或"填鸭式"教学，并且以惩罚作为管理手段，用严格的淘汰制度来维持纪律和迫使受教育者死记硬背。

这种教育制度强调知识不会过时，理论高于实际，动脑高于动手，强调形式主义的考试评分制度。这种偏重理性、智育，偏重专业知识的做法，往往忽视创新开发和能力的训练，忽视理论和实践的结合，培养出来的往往是"高分低能"式的受教育者。上述封建主义和资本主义的传统教育思想在创在一定程度上阻碍了创新教育的开展。

（二）创新教育方式落后

教育创新的功能是培养和造就掌握知识和创新能力的人才。这既是工业经济发展的需要，也是知识经济时代发展的需要。但是，中国的教育部门长期以来采取"灌输式"教育模式，知识积累第一，能力培养第二，形成了从理论到理论，从书本到书本；重视照文理解，轻视求新求深；重视逻辑推理，轻视发散求异；重视概念内涵，轻视形象直观等弊端，结果使受教育者缺乏求异、求新的创新意识和竞争意识。

当前，在高等学校开展创新理论的教育培训存在诸多问题。我国创造学的理论基础薄弱，学校尚未形成以创新为主导的价值体系，长期重知识灌输，轻方法（能力）培养；重趋同性，轻标新立异，这些对开展创新教育极其不利。我们应该学习美国在20世纪50年代的做法，从创造性素质教育的理念出发，在教育思想、教育目的、课程设置、教学方法、管理评价及师资培养方面统筹规划，积极推动教育创新。

（三）师资队伍的知识结构不完备

要做好创新教育，首先必须具备一支懂得创新教育的师资队伍。但是，我国目前的创新教育恰恰缺乏这一点。许多从事创新教育的教师本身并没有系统地学过创新理论，对创新性思维、创新力的开发、创新教育实施等知识知之不多，加上知识结构单一、狭窄、落后、专门化，造成了一代教一代、一代影响一代的非良性循环。特别是教师，要想真正做好创新教育，必须除了精通自己所教的学科外，还要随时更新知识，并具备相应的其他学科的知识，只有这样，才能在讲课时得心应手，左右逢源，讲深、讲透、讲准、讲好。因此，当务之急是要为高校培养从事创新理论教学的教师队伍，并尽快将这项理论融入高校的创新教育中，催生更多的创新人才。

（四）人才的创新力没有得到应有的开发

如果人才创新教育开展得好，文化就会发生显著的变化，形成"落后—创新—前进—再创新"的良性循环。反之，就会陷入"落后—引进—再落后—再引进"的恶性循环。这说明，在人才中蕴藏着巨大的创新力，这种创新力开发出来就可以转化为先进的生产力。在创新开发的实践中，文化程度的高低同创新力的开发关系并不大，即经过创新教育，具有高学历的工程师和具有中小学水平的普通职工都有可能开拓创新。所不同的是，文化水平高者，往往选择具有学术前沿的高深课题，而文化水平低者，可能选择的是实用性的、具体的课题。其共同点都是以创新型的方式或方法解决问题。

三、我国教育创新的对策

我国的教育创新关系到祖国的前途、民族的未来和创新型国家的建设，是具有基础性、全局性、先导性的事业。因此，我们必须认清形势，制定出科学的发展对策。

（一）创新教育的根本目标是素质教育

创新是现代教育的时代课题，是教育兴旺发达的不竭动力。尤其是在21世纪的知识经济时代，知识在文化发展中的作用越来越重要。没有一定的知识积累，不掌握现代科技文化知识，就根本谈不上创新。进行教育创新，根本目标是要推进素质教育，从应试型教育真正转变到素质教育上来。长期以来，我国的教育以应试为主，强调对学生的知识的灌输，相对忽视学生的创造力的培养。近年来，党中央从提高中华民族的整体素质和国际竞争力的高度，提出了全面实施素质教育的要求。各级教育部门要重视教育在创新型人才培养方面的作用，真正把素质教育落到实处，把教育的着眼点放在学生的创造力和创新意识的培养上，消除妨碍学生创新精神和创新能力发展的教育观念和教育模式，使大批既有专业知识又有创新意识和创新能力的人才脱颖而出。由此可见，只有转变传统教育的价值观和人才观，我们才能切实推进素质教育，促进人才的全面发展，培养造就创新人才。培养创新人才必须实施素质教育，坚持德、智、体、美全面发展，注重创新精神和能力的培养。

（二）推行以培养人才能力为主的教育体制

要推进教育体制改革，建立健全适应时代发展趋势、经济社会发展需求和符合创新人才培养规律的教育体制，是培养造就创新人才的基础与关键。

首先，在教育思想上，要摒弃以传授知识为主的观念，树立以培养能力为主的思想，把培养人才的能力、增长才干作为教育的根本目的，为培养能力而传授知识。其次，无论是在课程设计、内容选择上，还是在教学重点、教学方法上，都要体现以培养能力为主的思想，要把创新教育作为重要的必修课纳入教育中。再次，应着重人才的形象思维能力、联想能力、想象能力、发散思维能力、综合思维能力等能力的培养。为此，在授课时，应给人才自由联想的空间，鼓励人才树立求新、求异的探索精神。最后，改革教学内容，增加与培养创新能力有关课程的分量。对于不同层次人才的创新教育，其教育内容也要有所不同，要针对不同教育对象实行多层次、多类型的教育方式和教育内容，对具有高、中、低不同知识与能力档次的受教育者，做到因材施教、因需施教，不能千篇一律。

（三）以培养创新型人才为宗旨，改革创新教育

在知识经济时代的科技，重点将是技术的创新，而技术创新的关键是要有创新型的科技人才。因此，现代教育要以培养创新型人才为主，如日本教育界在二战后，曾提出过三次创新教育的口号。第一次是战后民主主义兴盛

期。第二次是在 20 世纪 60 年代，日本面临着"入关"的挑战，日本企业界意识到国际竞争中的唯一出路是寻求科技创新。为此，他们把创新教育的重点放在开发所有人的创新能力上，而不是只集中在少数天才身上。第三次重提创新教育是在 20 世纪 80 年代。其原因是世界资源问题日益突出，经济竞争日趋激烈，这时的日本朝野已达成共识，培养创新型人才是 21 世纪日本经济领先的保障。

我们现在也已经认识到了这个问题，尤其是亚洲金融危机使人们开始反省"亚洲模式"：经济增长的源泉不只是来自生产要素投入的增加。粗放式的投入增加，可以在全球经济一体化的情况下，通过出口拉动来使本国经济在一段时期内快速增长。但是人均 GDP 增长到一定程度时，这些国家的劳动力廉价优势开始丧失，经济的进一步增长要求其产业结构升级，然而这一要求往往由于人力资本准备的不足而难以达到。

在知识经济时代，经济的发展取决于创新能力，创新的基础是人力资本的积累，而人力资本的积累的规模又依赖于一个国家教育事业的发展。因此，中国的整个教育开始"面向世界，面向未来，面向现代化"，教育创新也开始由只重视同一性和规范性向同时鼓励多样性和创新性转变，由只重视指导学生被动适应性学习向同时鼓励学生主动求索、学习、创新转变，由对学生的"灌输式"教学向启发式教学转变，由重视知识单向传授向重视师生研讨、重视实践、探索和创造转变，把培育学生的创造精神和创新能力作为教育目的优先目标之一。目前，中国正在着力培养各行各业的创新型人才，如创新型营销人才、创新型管理人才、创新型公关人才、创新型开发人才等。与此同时，在对外引进人才方面也加大了力度。

（四）选择人才愿意接受的方式进行创新教育

由于人才教育长期以来没有规范化、科学化，许多人才对教育产生了"麻木感"，甚至于反感。所以，在对人才进行创新教育时，要采取人才喜闻乐见的方式和方法。如创新教育的普遍适用性，创新教育的通俗易懂性，创新教育的具体实用性，创新教育的鼓舞激励性，创新教育的灵活多样性，创新教育的效果持久性，创新教育的功能全面性等。只有当人才通过创新被激发创新热情时，他们才会自觉地投入创新，为创新而学科学、学技术、学文化并付诸实践。

（五）学习和掌握创新的方法

古人云：工欲善其事，必先利其器。先进的思想方法和理论是开启创新思维的"利器"，学习、掌握创新的方法和手段是多、快、好、省地开展创新活动的关键。开展创新教育，要从源头上解决思想武器和"方法论"的问题。教育界和全社会都应该高度重视，掀起学习辩证法、学习创造创新学的热潮，这是培养创新人才、建设创新型国家的需要。

四、教育创新的作用及影响

（一）教育创新有利于培养创新型人才

所谓创新型人才，是指富于独创性，具有创造能力，能够提出、解决问题，开创事业新局面，对社会物质文明和精神文明建设做出创造性贡献的人。这种人才，一般是基础理论坚实、科学知识丰富、治学方法严谨，勇于探索未知领域，同时具有为真理献身的精神和良好的科学道德的人。他们是人类优秀文化遗产的继承者，是最新科学成果的创造者和传播者，是未来科学家的培育者。

1. 教育创新有利于人才树立创新的志向

随着知识经济的来临，竞争意识和竞争能力在文化创新发展中所处的地位越来越重要，越来越突出。现在，人们已清楚地认识到，各类不同性质的竞争实际上是人才的竞争，而人才的本质又在于创新，所以，从这个意义上说，竞争的本质也在于创新。虽然一个有强烈创新意识的人不一定立即有所发明和创新，但是一个没有创新意识的人则绝不会有所发明和创新。现在，我国的中年以上的人才大多是在计划经济中成长起来的，依赖性比较大，缺乏强烈的创新意识。因此，对他们进行创新教育，可以启动他们对创新的追求和向往。

2. 现代教育创新使人才产生进入创新境界的紧迫感

创新论认为，一个人知识量的多少将会决定这个人可能创新的层次与深度，但它并不决定这个人能否进行创新活动。因此，要从各个方面鼓励人才在具备一定的知识后不失时机地进入创新境界，边学习，边创新，在学习中创新，在创新中学习，不等，不靠，不要，积极发挥自己的创新才能，为文化创新做出贡献。例如，现在有许多大学生怀揣高科技项目，登记创办公司。有的边学习边创业，有的学习期间搞科研，毕业时带着"瓜熟蒂落"的项目搞产业化。华东理工大学的梁颖然学的是应用化学，从大二开始，她就进行了科研项目，几年来获得多项发明专利，其中"用食品添加剂处理高硬度氟水"科研成果，赢得了专家的"满堂彩"，有多家创业园区纷纷向她抛出投资"绣球"。据统计，高校毕业生自主创业的项目大都集中在计算机、通讯、生物医药、材料等高新技术领域。上海交大本科生张杰发明的"DSP 数字 AV 功放系统"，只要在模拟式音响中置入这种传输系统，就能产生如数字音响一样美妙的效果，而价格只是高级数字功放的十分之一；水产大学叶高伟用草提炼出一种对环境无污染的"绿色药肥"，技术难度高，市场前景十分广阔。

3. 现代教育创新使人才发散思维能力有所提高

诺贝尔奖获得者艾伯特曾说过，所谓创新发明，就是和别人看同样的东西却能想出不同的事情，而要做到这一点，就需要思维的发散性。思维上的这种发散性，可以从多角度对事物进行观察、质疑和思考，并可能直接导致创新发明。这就要求人才凡事都要问为什么，敢于思索，敢于探讨，敢于打破一切旧的条条框框。

教育创新理论研究的文化创新使命启示我们，必须对我们的教育创新理论研究活动进行双向的反思。一是应该提高人们对于教育创新理论研究意义的认识，即既应理解其促进教育现实进步的工具性意义，又应理解其促进教育文化和社会文化发展和创新进步的价值性意义。二是应该提高教育创新理论研究本身的品质，即从事教育创新理论研究工作的人们，应该坚持发散思维，以科学、理性的态度探索教育的未知领域，使新创造的教育理论具有深厚的哲学基础和现代性视野，具有坚实的传统文化基础和现代化前景，推动教育和文化的双重创新。

教育创新有利于人才创新素质的提高。由于创新教育涉及的面较广，因此对人才的各个方面都会起着意想不到的作用，使他们能主动地研究学习、研究创新、研究工作等，从而在潜移默化中提高其创新素质。

美国学者洛地顿曾说过："孕育着发明能力的小学毕业生远远比扼杀了创造能力的哈佛大学的毕业生有着更多的成功机会。"实践证明，这话是有一定道理的。如比尔·盖茨大学没毕业就投身到微软的事业，成为世界软件业的创新之王。

现代教育创新有利于树立科学的人才观。长期以来，我们的教育所形成的人才观过分强调共性，往往用一个标准、一个模式去要求所有学生，采取"划一主义"而忽视了学生的个性，压抑了学生的创新性。这种人才观的存在不符合当代科学技术迅猛发展对人才的要求，更应对应知识经济的挑战。为此，现代教育必须破除这种观念，树立不拘一格的人才标准。一方面，要重视学生个性的培养，为学生个性的发展和张扬提供广阔的生活空间、创造良好的文化氛围、建立可靠的制度保障。另一方面，要打破传统观念的束缚，真正把创造性、创新精神作为衡量、培养人才的一项核心内容，积极鼓励学生质疑问难、标新立异、勇于进取、敢于开拓、大胆创新。

现代教育创新对文化创新具有重要意义。因为文化作为"人类所创造的一切物质和精神的总合"，其存在是普遍的和必然的。本书中所说的文化创新，并非是指社会当下流行的现实，而是指超越社会当下文化水平的，具有文明和进步意义的先进文化。这种文化的创造，是一种需要超越历史的高水平的价值观念，它要求参与者必须具有高尚的学者情怀、不屈不挠的追求真理和坚持真理的理想和精神，有敢于蔑视和质疑权威和权势境界。而能够对文化创造产生积极意义的教育理论研究，则必须是具有真正的探求真理性质的研究活动。教育理论研究的文化创新意义，主要表现在两个方面。一是教育创新的文字成果对社会整体文明、进步的推动和促进；二是教育的实践成果对社会整体文明和进步的推动和促进。其中，教育创新文字成果的表现形式是指由教育学专业书籍、教育学专业论文以及各种教育性专业资料等组成。实践性成果则是指由教育创新理论指导形成的教育经验、教育方法、教育传统、教育体制等。这两种成果形式除了在具体的教育过程中直接推动教育创新发展外，还在观念上开阔了人们的视野，震撼、冲击甚至改变了人们的思想，引起了人们的思索、交流甚至争论。教育生活观念的革新和进步，在很大程度上都得益于教育创新理论研究成果的启示和引导。

教育理论研究的这种促进教育文化和社会文化创新发展的作用，是一种促进社会和教育进步的根本性作用，能够对社会的科学发展产生深刻的、持久的、全面的积极影响。

第三节　优秀传统文化融入教育改革的途径

知识经济时代是一个不断创新、创造的时代，创新是一个国家经济可持续发展的基石。一个拥有持续创新能力和大量文化资源的国家，就具备了进一步发展知识经济的巨大潜力；相反，一个缺乏文化知识储备和创新能力的国家，就会失去知识经济带来的各种机遇。一个国家、民族要有创新能力，就必须拥有大量的人才，而人才的培养就必须依靠现代教育创新。

教育创新首先是教育观念的创新。解放思想、更新观念是教学改革发展的先导和动力。没有教育新观念的萌动，没有变革现实的要求，没有勇于改革的胆略，就谈不上教育创新。要以现代教育思想为指导，对人才培养目标、培养模式、教育内容、教育方法重新审视，对现有教育思想、教育观念深刻反思。努力探索教育发展的增长点和深化改革的突破点，以教育思想观念的新突破带动教育改革发展的新突破。观念创新是一个复杂而深刻的过程，涉及许多理论和实践问题。

在知识经济时代，教育创新将发挥更为重要的作用，承担更为重要的使命。因此，必须从根本上确立适应知识经济要求的教育创新观，坚定不移地推进教育创新。

一、教育创新是文化创新的内在支撑因素

现代教育创新在文化创新发展中的功能是综合性的，但教育的功能又是随着文化的发展以及教育自身的发展而发展的，是一个动态的变化过程。在工业经济向知识经济过渡时期，创新教育正在发生深刻的变化，其中最为显著的特点之一，就是它的经济功能体现得越来越充分，使之成为知识经济时代文化创新发展的内在支撑因素。

教育创新对文化创新的意义主要表现在教育工作者们所提出的教育思想、教育理论和教育方法对人们教育观念的改变、教育体制的改革、教学过程的革新所产生的影响和作用方面。这种影响一方面通过教育创新实践中的教育制度内容的创新和完善、教育思想的进步和发展、教育方针的修正和更替等行为表现出来，使新的教育文化逐步生成和扎根；另一方面通过社会各种媒体的传播和各种教育要素的作用，逐步内化和渗透于人们的思想和意识之中，形成人们在教育问题上的共识，从而通过人们的言行、习惯、传统，沉淀为具有更新意义的教育文化。特别是一些著名教育理论家的具有前瞻性、超越性的研究成果，对传统的教育思想、教育方法具有深刻的批判和革新意义，强烈地冲击了人们的教育观念，提高了人们的认识，有些还被教育决策部门采用或吸收，转变为政府的教育政策，被以制度的形式固定下来。这种通过渐变形式生成的新的教育文化，完成了对旧的教育文化的超越和替换，使文化的创新成为现实。

就一般意义而言，教育在现代文化创新发展中已在两个层次上体现着重要的经济功能。一个是狭义的层次，即在直接的经济运行和发展过程中体现的功能，主要包括：通过教育赋予文化创新以需求动力；通过教育的发展提高人才的科学文化素质，使之不断地提高劳动生产率，提高科技竞争能力。这不仅有利于文化创新的良性发展，而且有利于文化创新的可持续发展。第二个是广义的层次，即在文化运行发展的环境创设中体现的功能，主要包括：创新教育使文化创新的发展建立起应有的价值文化体系，确立健康的经济行为价值标准，使文化趋向文明发展；通过教育的发展，为文化创新发展创造

健康的文化环境，从而为文化的发展与社会文明进步提供现实的协调基础。在这两个层次上，教育的经济功能已得到较为充分的体现。从这个意义上说，创新教育是文化创新发展的内在支撑因素。

知识经济使教育的经济功能得到进一步强化，这是由知识经济的本质及特征决定的。知识经济从本质上来说是主要依赖知识的进步以及知识的生产能力、知识的积聚能力、知识的获取能力、知识的应用能力的提高而得到发展的经济。它的主要特征可以概括为：财富增长基础的知识化，即财富的增长、经济的发展依靠知识资源的开发和利用；产业的软性化，即所有产业的知识含量进一步提高，以致实现产业的知识化；经济的柔性化，即文化因素构成经济发展、经济运行的重要内在力量；发展的创意化，即经济的发展、财富的增长越来越主要依靠民族的创新意识、创造能力；竞争的隐性化，即经济竞争主要依靠战略策略制胜、依靠竞争者的良好的心理素质、依靠企业良好的形象等柔性手段；就业的学历化，即企业劳动岗位对知识的要求越来越高等。这一切都直接依赖于教育的发展和教育功能的进一步发挥。教育本身就是知识的生产过程，教育越是发展，知识的生产能力、积聚能力、获取能力、应用能力也就越强。只有发展教育才能实现知识的进步，也只有发展教育，才能从根本上提高劳动者的知识水平和获取知识的能力，从而使知识经济的特征成为现实的经济优势和发展能力。

二、教育创新是现代社会的重要产业

早在三十多年前，美国的经济学家舒尔茨就认为，教育是一项"人力资本"，具有巨大的"经济价值"，是收益率极高的一项"战略性产业"。他的这一理论，极大地推动了各国的教育创新。教育的这种产业属性主要表现在三个方面：一是知识生产；二是物质生产（如北大方正、清华同方等校办产业）；三是人才生产，这是教育最重要的、最有代表性的生产。

在农业经济和工业经济社会里，虽然也有知识和技能，但并不起核心的作用，关键是靠劳动力、资源和资本等非知识性资源。到了工业经济的后期，科学技术、知识的作用才日益显现，但也没有占主导地位。所以，长期以来，人们对经济的认识、对产业的认识，总是与劳动力、资本、土地、矿产资源、工具等联系在一起，而没有与科技、知识、教育等联系在一起。

然而到了后工业社会，科学技术的贡献率明显增大。比如，在一些西方发达国家，科学技术对经济发展的贡献率已达到60%以上，也就是说，在现代的知识经济社会里，发展生产的主要要素已转移到知识、信息和科学技术上来，而知识、信息和科学技术都是由教育生产出来的，教育已成为生产知识的产业。知识的生产、知识的积累、知识的更新、知识的创新，乃至知识的传播，都要依靠教育。

早在19世纪50年代，马克思就提出"生产力中也包括科学"，即把科学知识作为生产要素的一部分。到了20世纪80年代，邓小平提出"科学技术是第一生产力"，即把科学知识作为生产要素中的第一要素。这正是由于在现代工业经济中，知识和科学的地位日益突出，作用越来越大。

根据分类，人类社会的第一产业是农业，第二产业是工业，第三产业是服务业，包括信息、知识教育。把教育归为第三产业，说明教育是从事知识的生产、经营和传播的一种知识性新型产业。因此，只有教育发展了，才能生产出大量新的知识，才能促进经济的发展。

教育是经济的先导性、基础性产业，是当代经济发展的主要源头。教育作为一种新兴的产业，从总体上说，具有以下四个特征。

（一）知识性

教育作为知识性产业，由于不是直接从事物质资料的生产，因而必须与第一、第二产业所代表的以物质资料生产为主要内容的所有产业区别开来，因为教育是以知识的生产、服务为主要内容的特殊产业。

（二）基础性

创新人才的培养靠教育，教育是基础，是根本。在工业经济时期，农业、交通、能源等是重要的基础产业，它们在知识经济的发展中仍然是重要的基础。知识经济作为一种新的经济类型，又需要有赖于发展的新基础产业的支撑，如信息高速公路、通信网络、教育的现代化等。其中，教育不仅是广义的知识经济发展的基础，而且，教育作为知识的生产者和传输者，是知识经济发展的直接基础。

（三）全局性

知识经济发展的水平、质量直接取决于全社会知识的进步，取决于知识的生产、积累、更新、运用的能力，而这一切又直接取决于教育的发展水平、教育的质量状况。仅从这一方面就可以看到，教育的发展水平将关系到知识经济发展的全局。与其他新的基础产业相比，教育是事关知识经济全局的基础性产业。

（四）先导性

"经济增长—知识进步—教育发展"的内在逻辑决定了教育是具有先导性的基础产业，因为只有发展教育才能实现知识的进步，并最终促进经济的增长。因此，"经济未动，教育先行"是知识经济发展的新思路。同时，只有不断进行教育创新，提高教育质量，才能从根本上不断地加快知识的进步，提高其更新速度，从而加快经济的发展。

上述四个方面的特征是一个有机的整体，充分说明教育是事关经济发展全局的先导性和基础性知识的产业。这是知识经济所要求的崭新的教育产业观。它不仅对教育创新具有重要的理论意义，而且对现实的经济发展具有重要的实践意义。

三、教育创新是重要的知识资本

在知识经济的发展中，资本的运动、价值的增值将越来越依赖于劳动力的复杂程度的提高，无论是复杂的劳动力还是复杂的劳动，已不再主要表现为适应于一定劳动部门所要求的技能和技巧的提高，而是主要表现为科学文化整体素质的提高。具体来说，就是劳动力的知识含量和水平的提高，获取新知识和运用各种知识的能力的增强。可以说，在知识经济时代，较高级、较复杂的劳动力就是知识型的劳动力，较复杂的劳动也就是知识型的复杂劳动。因此，知识已是实现价值增值、资本增值的关键因素。正是在这个意义上，依靠知识进步实现财富的增长、价值的增值，是知识经济的本质特征。也正是在这个意义上，确立了"知识资本"这一崭新的主要内容，使资本的范畴进一步拓展。既然知识是劳动力及劳动复杂程度提高的主要内容，是价值和资本增值的关键，这就决定了教育不仅是资本运动、资本增值的要素之一，而且是其中的关键因素。

不仅如此，知识经济的特征还使教育费用在可变资本中的比重得到进一步的提高。这一方面是由于整体劳动力的复杂程度都在提高，从而使原来的普通劳动力都逐渐成为复杂的劳动力。它具体表现为全体劳动者接受教育的范围不断扩大，接受教育的程度都在提高，从而使教育费用的总量，在可变资本的总量中占有越来越大的比重。另一方面，随着知识经济的发展，又必然出现部分劳动者需要接受更高层次的教育，并出现更为高级和复杂的劳动力。从动态的过程看，为此而花费的教育经费及商品等价物也会越来越高，在可变资本中的份额也会越来越大。这两个方面将使教育费用在知识经济中逐渐成为可变资本的主要部分。

知识资本作为知识经济的新特征，主要表现为：依靠知识的进步实现财富的增长、价值的增值，资本的新运动使知识成为重要的资本；依靠教育的发展促进知识的进步和劳动力及劳动的复杂程度的提高，使教育的资本属性得到进一步的充分体现，并使之成为知识资本的重要组成部分。就教育与知识的相互关系而言，又可以把教育直接称为"知识资本"。

既然教育是重要的知识资本，在知识经济的发展中具有极其重要的作用，那么，投资于教育就是一种直接的、重要的经济投资，而且是回报率最高的资本活动。教育费用也不再是单纯的公共消费，而是一种预付，是一种经济活动，是价值的增值过程。明确这一点，对现代教育创新的发展具有重要的现实意义。

四、教育创新是培养创新人才的保证

知识经济的基本内涵及总体特征表明，教育作为知识的生产过程，其发展水平和质量不仅直接决定着一个国家知识总量的积聚能力，而且从根本上决定着一个民族的知识进步和创新能力。总之，教育创新的质量直接决定着社会经济的知识化程度和人们的创新能力水平。知识经济的核心问题是知识的创新，而知识创新又需要具有创新意识的新型人才。这类创新型人才必备的素质，概括起来主要有下述三个方面。

（一）多种知识的综合及多元文化的融合能力

作为知识经济基础的"知识"，是各种知识的整合，或者说是各类知识的有机综合体。强调知识的系统性、综合性、整合性是知识经济与工业经济相区别的重要特征之一。作为工业经济的主体，强调人才的知识分类，重视某一领域学科知识的掌握和运用，即通常意义上所说的专门人才，这是由工业经济的技术性基础决定的。作为知识经济的主体，强调的不仅仅是对劳动的某一方面知识的掌握和应用，而且还包括对各类知识的整合。作为知识化的人才，必须具有对各种知识的系统掌握、融会贯通、互相渗透、综合运用的能力，这是由知识经济的知识性基础所决定的。因此，目前的教育创新必须注重基础知识的整合性。

同时要看到，知识经济不仅以整合性、综合性知识为基础，而且是以多元文化的并存和融合为纽带的。因此，在强调知识的整合、综合的同时，必须重视对多元文化的融合意识及能力的培养。在鉴别和扬弃的过程中，重视兼容并蓄。没有对多元文化的认同，没有对多元文化的兼容意识，没有对多元文化进行融合的能力，知识的整合性和素质的综合性也就缺乏内在的基础。因此，在进行教育创新的过程中，应当把多元文化的兼容意识和融合能力的培养放在应有的位置。

运用现代技术手段获取新知识的能力。作为知识经济的主体，强调的不仅仅是对过去及现有知识的继承、积累、掌握和应用，而是要实现知识的不断更新，以期推动经济的发展。未来的知识经济的竞争，将主要取决于知识经济主体的知识更新和创新能力。因此，现代教育创新强调知识创新意识的培养是十分必要的，但仅仅停留在此是不够的，还必须充分重视获取新知识的能力的培养。为此，现代教育要通过创新性教学，不仅开发受教育者的潜能和促进个性发展，更为重要的是训练创新性思维。创新性思维是人才获取新知识、实现知识进步的关键。与此同时，要重视现代教育教学新技术的使用。在新技术的使用问题上，必须强调以下两点：

其一，要使新技术真正成为所有的人才获取新知识的手段，重在培养运用新技术、获取新知识的能力，而不是仅仅作为教学条件现代化的物质标志。

其二，增强"技术的透明度"，即打破新技术使用上的神秘感，强调让人才学会操作、学会使用，而不应为新技术本身的许多复杂问题所束缚。运用新技术更新知识、获取新知识，是知识经济时代的人才素质的重要特征之一。

（二）把知识转化为现实财富的观念和能力

教育是创新人才的主要培养者，是文化创新的知识源。在知识经济时代，知识是财富增长中最具有决定意义的要素和力量，知识也是最重要的资本。但知识要真正发挥资本的作用，转化为现实的财富，还需要一系列的条件和环节。这里既涉及文化的体制问题，也有教育的机制问题，但最为重要的是使所有知识的主体即知识的拥有者，具有将多种知识转化为财富的能力，即以教育创新为本，以文化创新为先，以推进文化产业化为主要途径。

五、教育创新能促进网络文化科学发展

教育创新不仅承担着为现实的教育发展提供革新思路和方案的使命，而且承担着创新教育思想、发展教育理论、建构新的教育理念和教育文化、推动整个社会文化科学发展的使命，包括方兴未艾的网络文化。

网络文化不仅构筑起一种全新的网络生活方式和生存方式，而且深刻地影响和潜移默化地改变着人们，特别是今天校园青年的认知、情感、思想与心理。大学生群体是网络的受众主体之一。因此，网络文化带来的严峻挑战非常明显。

（一）网络信息内容的多元化与现有教育理念的主导性

当今网络的优势赢得了学生的青睐和追逐，也自然伴随着产生了内容的多元性。特别值得重视的是，匿名传输是网上信息传输的一大特色。这不仅使别有用心者在摆脱了道德约束的状态下获得了同样便捷的制造流言与谣言的可能，增加了法律约束的难度，而且极易使痴心迷恋者受到蛊惑和诱导，跌入各种美丽的陷阱。显然，在这样的背景下，教育的主导性理念受到了多元信息流强烈的冲击、挤压与挑战。受众对信息的选择性又空前增强，多样化的社会经济成分、社会组织形式和社会生活方式，必然会带来多元化的思想观念、价值判断和情感评价。这些同样会在网络信息中以各种面目出现。因此，现代教育以什么样的对策来保证自身理念传输的主导性地位，就成为摆在眼前的问题之一。

（二）网络成员沟通的交互性与现有教育方法的单向性

导致学生乐在"网吧"的另一因素，则是在这一开放式系统中网络成员之间沟通的交互性。聊天室内，你可以不露声色地翻动"四海云水"，呼唤"五洲风雷"；公告板下，你也可以从容不迫乃至于毫不负责地说三道四，指点江山。每个上网者既接收信息又制造信息，既相互沟通又相互感染；而构成学生广泛参与、积极投入的暗含前提，就是交互性中沟通双方的资格平等，由此导致个体的心声可以纵情张扬。

在网络所构建的这样一个交互式平台上，学生的主体意识会被极大地调动和刺激起来，并将使其认知方式与情感评价产生连贯性的感染。这对我们教育传统的单向的教育方法的冲撞是最为突出的。所以，现代教育以什么样的途径来保证教育的实效性，是摆在我们眼前的问题之二。

（三）网络发展形式的创新性与现有教育模式的滞后性

网络是创新的产物，其创新的形式使信息的传输过程变成参与者主动的认知过程。然而，与学生的内在需求还有相当大的距离，某些效果并不尽如人意。在教学内容、教材建设、教学方法、教师自身素质等关键环节上，自身改革的速度还跟不上发展的步伐。空泛的高谈阔论与媚俗的市井传闻都在教育中并存。现代教育以什么样的形象来适应这个创新的时代，是摆在我们眼前的问题之三。

今天，知识的创新对教育工作者而言更具有迫切性。因此，古人的"勤于睿思、博于问学"，更应成为教育工作者每日的自省。要找准教育创新的立足点。传统社会天经地义的师生关系，在信息社会有可能发生某种程度的动摇。因此，网络时代的现代教育应当构筑起教育中一种新型的师生互动关系。认识并尊重学生的主体性，调动和引导其选择性，与其在更加平等的教育环境中共同面对亦真亦幻的现实生活。在这种新型的互动关系中，除了思想导航者这一传统角色外，教育工作者更应是现代文化的传授人，是学生心灵的守护者。要积极探索教育创新的切入点。当前，教育创新不仅是保持思想政治工作生机与活力的需要，也是面向 21 世纪的现代教育真正吸引学生的前提。而切入点的选择既是创新的起点，也在很大程度上与最终的效果正相关。

现在，教育创新的重要任务是帮助学生发现自己的需要，并根据这种需要及其变化选择教育的切入点，这样做，往往会事半功倍，能帮助学生明辨自己的长远利益，知道自己的重大利益，拉动眼前的现实利益，就有可能促使其在潜移默化中既获得利益，又受到教育。

由此可见，文化时空发生的转换，对教育创新提出了很多的全新问题，传统教育正面临网络文化严峻的挑战，这些并非十分遥远的新事物、新观念，它将迫使人们"用冷静的目光"对现行教育思想、教育观念、教育制度、教学内容和方法进行全方位的反思。而教育的作用，特别是在大力普及电脑科技知识和传授文化观念教育的形势下，显得格外重要。

面对 21 世纪的竞争和挑战，中国的教育创新应该如何发展？这是一个世纪性的问号，也是一个世纪性的话题。借鉴国际教育创新的发展特点，结合我国教育的现状，创新教育只有按照邓小平指出的"面向现代化，面向世界，面向未来"，才能顺应和适应世界的教育创新潮流，走出一条具有中国特色和时代特征的教育创新之路，为现代文化创新奠定坚实的基础，使中国的文化创新和教育创新在 21 世纪再创新的辉煌。

参考文献

[1] 从云飞.中华优秀传统文化 [M].北京：华文出版社，2021.

[2] 韩晓燕.新媒体环境下优秀传统文化传播机制研究 [M].北京：经济日报出版社，2019.

[3] 黄力，姚选民.雷锋精神与中华优秀传统文化传承文化自信的当代理论建构 [M].北京：九州出版社，2017.

[4] 李梁，王金伟.中国道路的话语体系建构 [M].上海：上海大学出版社，2019.

[5] 李若冰.中华优秀传统文化读本 [M].昆明：云南大学出版社，2020.

[6] 李素霞，杜运辉.博士生导师学术文库中华优秀传统文化的传承与创新研究 [M].北京：光明日报出版社，2021.

[7] 柳诒征，吕思勉.中华优秀传统文化传承发展工程学习丛书文化十六讲 [M].北京：中国友谊出版公司，2017.

[8] 陆通.中华优秀传统文化与文化自信 [M].长春：吉林出版集团股份有限公司，2018.

[9] 秦海燕.优秀传统文化的传承与创新 [M].长春：吉林出版集团股份有限公司，2018.

[10] 王志文，牛继舜.中华文化传承与传播策略研究 [M].北京：经济日报出版社，2017.

[11] 向亚云，景扬，王溪明.建设好家风传承中华优秀传统文化 [M].北京:中国言实出版社，2017.

[12] 张良驯，周雄，刘胡权.当代青少年中华优秀传统文化教育研究 [M].

北京：北京理工大学出版社，2015.

[13] 张岂之. 中华优秀传统文化的核心理念 [M]. 南京：江苏人民出版社，2016.

[14] 赵建华. 社会主义核心价值观与中华优秀传统文化传承 [M]. 石家庄：河北美术出版社，2016.

[15] 赵坤. 中华优秀传统文化当代价值 [M]. 桂林：广西师范大学出版社，2019.

[16] 杨辛，甘霖. 美学原理新编 [M]. 北京：北京大学出版社，2007.

[17] 叶朗. 美学原理 [M]. 北京：北京大学出版社，2009.

[18] 朱光潜. 西方美学史 [M]. 北京：人民文学出版社，2001.

[19] 胡继华. 宗白华文化幽怀与审美象征 [M]. 北京：文津出版社，2004.

[20] 宗白华. 中国艺术意境之诞生 .[M]. 北京：北京大学出版社，1987.

[21][法] 列维 - 斯特劳斯. 野性的思维 [M]. 李幼蒸，译. 北京：商务印书馆，1997.

[22] 伍国栋. 民族音乐与人类学 [M]. 北京：人民音乐出版社，1997.

[23] 姜汝真. 中国传统文化的历史阐释与现代价值 [M]. 太原：山西教育出版社，1997.

[24] 张应杭，蔡海榕. 中国传统文化概论 [M]. 上海：上海人民出版社，2000.

[25] 李约瑟. 中国科学技术史 [M]. 北京：科学出版社，1990.

[26] 张岱年、方克立主编. 中国文化概论 [M]. 北京：北京师范大学出版社，1994.

[27] 张岂之主编. 中国历史十五讲 [M]. 北京：北京大学出版社，2003.

[28] 利奇温. 十八世纪中国与欧洲文化的接触 [M]. 朱杰勤，译. 北京：商务印书馆，1963.

[29] 程裕祯. 中国文化要略 [M]. 北京：外语教学与研究出版社，2003.